국가핵심이익

National Core Interests

한중간 '중국몽' 갈등의 본질

국가핵심이익 National Core Interests
한중간 '중국몽' 갈등의 본질

초판 1쇄 인쇄 2024년 4월 24일
초판 1쇄 발행 2024년 5월 14일

지은이 이민규 **펴낸이** 황윤억
편집 김순미 문현우 황인재 **디자인** 오필민 디자인
발행처 인문공간/(주)에이치링크 **등록** 2020년 4월 20일(제2020-000078호)
주소 서울 서초구 남부순환로 333길 36, 4층(서초동, 해원빌딩)
전화 마케팅 02)6120-0259 편집 02)6120-0258 **팩스** 02)6120-0257

• 값은 뒤표지에 있습니다. ISBN 979-11-984298-4-1 93340

글 ⓒ 이민규 2024

• 열린 독자가 인문공간 책을 만듭니다.
• 독자 여러분의 의견에 언제나 귀를 열고 있습니다.

전자우편 gold4271@naver.com **영문명** HAA(Human After All)

국가핵심이익
National Core Interests

한중간 '중국몽' 갈등의 본질

이민규 지음

인문공간

3연임 시진핑의 원대한 꿈, "중국몽"의 실증적 분석

중국의 경제력 무기화가 '일상화'…
본질 파악 못 하면 막대한 국가이익 손실

시진핑(习近平)은 2023년 3월 제14기 전국인민대표대회 제1차 회의 제3차 전체회의에서 만장일치로 국가주석과 중앙군사위원회 주석으로 선출되며 3연임을 확정한다. 당·군·정을 모두 장악한 명실상부한 최고 지도자로 군림하게 된다. 마오쩌둥(毛泽东)과 덩샤오핑(邓小平) 반열에 자신을 올려놓은 것이다. 시진핑 국가주석의 3연임은 2018년 헌법 개정이 단행되면서 예견된 일이었다. 정책의 '연속성'과 '변화' 측면에서 고려하면 '불확실성'이 증대하였다고 할 수 없다. 미중 패권 경쟁이 본격화된 현시점에 강력한 리더십이 필요하다는 주장 또한 수긍하기 어려운 것도 아니다. 심지어 코로나19로 집권 2기의 '계획된' 정책을 제대로 추진할 수 없었다는 점을 감안하면, 미완의 목표 달성을 위한 시간이 더 필요했을 수도 있다. '정치는 생물'이라고 한다. 중국 정치외교 또한 당연한 것이 없으며, 옳고 그름의 문제도 아니다.

문제의 핵심은 '개인 독재' 논란을 감수하면서까지 기존 관례를 깨고 3연임을 하고자 한 이유이다. 3연임을 하면서까지 시진핑이 그리는 원대한 꿈이 무엇인지 명확히 파악할 필요가 있다는 것이다. 중국의 강대국화 '능력(capacity)'은 이미 객관적으로 증명되었다. 중국의 부상을 둘러싼 온갖 담론('중국분열/붕괴론', '중국위협/패권론', '중등국가/현상유지론')에도 불구하고 세계 제2위의 경제대국이 되었고, 미국을 제칠 것이라는 전망도 지속적으로 발표되고 있다. 급속한 경제성장을 바탕으로 한 부상 '의지(will)'도 단계적으로 천명한 상태이다. 후진타오(胡錦濤) 집권 시기 '화평굴기(후에 '화평발전')' 의지를 내비쳤고, 시진핑 집권 시기에 들어서는 '중화민족의 위대한 부흥'이라는 더욱 원대한 목표를 천명하였다. 중국의 강대국화 능력과 의지를 의심(인식, perception)하는 국가도 없다. 이제 남은 숙제는 중국의 원대한 꿈, 즉 중화민족의 위대한 부상을 해몽하는 일이다.

시진핑의 3연임으로 중국의 강대국화 '의도(intention)' 파악이 더욱 중요해졌다. 중국의 부상 방향을 어떻게 규정하고 어떤 상호작용을 하느냐에 따라 국제질서는 물론 개별국가의 흥망성쇠에 지대한 영향을 끼칠 것이다. 특히, 중국의 경제력 무기화가 '일상화'가 된 상황에서 의도를 오판하거나 그 본질을 제대로 파악하지 못하면 막대한 국가이익의 손실을 입을 수 있다. 중국의 군사 강대국화로 인도-태평양 지역이 언제든지 붉은 화염에 휩싸일 수 있다는 것 또한 염두에 두어야 한다. 물론 중국 강대국화의 달콤한 열매를 거부할 이유는 없다. 덩치 큰 이웃을 일부러 적으로 만드는 것은 더욱더 불필요하다. 실제로 1992년 한중수교 이래 한국의 경제 발전에 중국의 부상이 끼친 긍정적 영향은 작지 않았다. 핵심은 중국과 어떠한 관계를 지속해서 구축해 나갈 것인가이다. 다르게 표현하면, 기정사실화된 중국의 강대국화 과정에서 리스크를 최소화하면서 이익을 최대화할 수 있는 방안이 무엇인지 고민해야 한다는 것이다.

이 책은 2008년 중국의 부상을 상징적으로 보여 준 베이징올림픽 때부터 시작한 관련 연구의 작은 마침표이다. 중국의 의도를 과학적이고 체계적으로 파악하고자 했던 노력의 일부 성과물이다. 베이징대 석사논문으로 장쩌민 집권 시기 중국의 국제제도에 대한 인식과 태도 변화를 기준으로 중국이 현상유지 국가(status quo)임을 증명하는 연구를 먼저 진행하였다. 석사 졸업 논문이 베이징대 국제관계학원 졸업 논문 심사와 중국 전국 국제관계·국제정치 박사생 논문대회에서 유학생으로는 최초로 연이어 '우수상'으로 채택되면서 그간 노력을 인정받게 되었지만, 박사과정에 들어와서는 이와 반대로 중국의 부상이 '위협'이 될 것이라는 전제하에 중국의 무력 사용 패턴을 연구하였다. 마카오대학교에서 박사후연구원으로 재직하는 동안에는 기존의 하드파워 중심의 연구에서 탈피하여 중국의 소프트파워('공공외교')에 관심을 두었다. 중국 강대국화의 '답'을 찾기 위해 다양한 시도를 해 본 것이다. 그중에서도 베이징대 박사지도 교수인 장칭민(张清敏) 교수님과 공동으로 수행한 중국의 대외행위(对外行为) 사상 근원에 관한 실증연구는 이 연구의 직접적 계기가 되었다. 국가이익 개념이 중국의 대외정책에서 갈수록 중요해지고 있다는 것을 발견하며 후속 연구의 필요성을 인지하였다. 특히, 중국 외교학원(한국의 국립외교원) 저널인 『외교평론(外交评论)』에 발표한 논문이 후에 영어로 번역되어 세 권의 편집서에 수록되면서 후속 연구의 필요성을 더욱 확신하게 되었다.

한국에 돌아온 이후로 '국가핵심이익', '경제보복', '외교협상', '무력 사용'을 핵심 키워드로 관련 연구를 진행하고 있다. 중국의 국가핵심이익은 2016년을 기점으로 개념과 관련 이슈를 실증적으로 분석하는 종적 비교 연구와 사례 연구를 지속해서 수행하고 있다. 이 책은 시진핑 집권 2기 1년 차까지 분석한 결과를 바탕으로 2020년 출판한 『국가핵심이익: 중국 화평발전노선의 내막을 읽는 키워드』(서울연구원 출판사) 단행본의 후속작이다. 1949년 신중국 건국이래 중국의 '이익관' 변천 과정과 시진핑 집권 2기 발생한 논쟁 및 그 함의를 국가핵심이익 측면에서 추가 서술하였다. 그리고 지난 4년 동안 탐구한 한중관계 연구 성과를 국가핵심이익 관점에서 재분석하여 나름의 한중관계 발전방향을 마지막 장에 제안하였다. 정리와 분석에 그쳤던 기존 연구를 양국 관계 분석과 정책 제안으로까지 확대·심화 시켜보았다. 특히, 거대담론과 국내 정치의 부산물로서의 중국과 한중관계가 아닌 최대한 과학적이고 체계적인 분석에 바탕을 둔 시각과 근거를 제시하고자 노력하였다. '점(국가핵심이익)'에서 '면(한중관계)'을 만드는 작업이었지만, 결국 '면'이 '점'을 볼 수 있도록 '고정관념'과 '편견'에 휘둘리지 않고자 하였다.

이 책이 나오기까지 많은 분의 아낌없는 지원과 격려가 있었다. 우선 2019년 국가핵심이익 관련 연구를 공식적으로 할 수 있도록 결정과 지원을 해 주신 서울연구원 원장님 이하 박사님 그리고 출판팀에 감사드린다. 또한 2016년 초기 연구 단계에서 발표 기회를 주신 국민대학교 중국인문사회연구소 김영진 교수님, 윤경우 교수님께 감사드린다. 더불어 경제보복에서 미중 패권 경쟁시대 미국 동맹국 정책까지 다양한 연구 기회와 분석 시각을 깨우쳐 주신 서울대 정재호 교수님께 깊은 감사를 드린다. 부족한 연구 성과물임에도 불구하고 2016년 중국정치연구회에서의 세심한 조언과 2020년 서울대에서 특별히 특강 자리를 마련해 주신 것에 다시 한번 감사의 마음을 전한다. 그리고 졸업한 지 10년이 지났음에도 불구하고 한국 학계에서 왕성히 활동할 수 있도록 격려와 지원을 아끼지 않으시는 베이징대 장칭민 외교학과 주임교수님께 존경의 마음을 전해 드린다.

마지막으로 이 책의 집필을 제안해 주시고, 많은 도움을 아끼지 않으신 인문공간 출판사의 황윤억 대표와 김순미, 문현우, 황인재 편집자분들께 사의를 표한다. 그리고 지금까지 걱정 없이 공부할 수 있게 물심양면으로 큰 힘이 되어 주신 부모님께 감사한 마음을 담아 이 책을 바친다.

2024년 3월
우면산 연구실에서
이민규

4장 집권 시기별 국가안보 문제

5장 집권 시기별 국가발전이익 문제

6장 한중관계 30년 한국의 무너진 중국꿈, 국가이익 체계 수립 필요

1장

중국몽 둘러싼 논쟁
– 경제보복과 무력 사용 가능성

중국의 부상을 둘러싼 논쟁의 정중앙에 국가핵심이익(National Core Interests) 개념이 똬리를 틀고 있다. 후진타오 집권 시기의 화평발전론과 공세적 대외정책 논쟁을 거쳐 시진핑 집권 시기의 '중화민족의 위대한 부흥 [中国梦]'과 전랑외교(战狼外交, Wolf Warrior Diplomacy), 그리고 경제보복에서 무력 사용 가능성까지 모든 이슈를 관통하고 있는 국가이익 개념이다. 시진핑의 중국몽 향방에서 국가핵심이익은 사방지앙(四方之央)의 중방(中方)에 자리 잡고 있다.

제14기 전국인민대표대회 제1차 회의, 제3차 전체회의에서 시진핑(习近平)은 국가주석과 중앙군사위원회 주석으로 선출된다. 이로써 중화인민공화국 역사상 처음으로 국가주석 3연임 기록을 달성했다.
사진: 인민일보(2023년 3월 11일, 제1판)

1
중국몽(중화민족의 위대한 부흥) 논쟁의 배경

1-1 화평발전의 수정주의 속성

2004년을 전후로 중국은 '화평발전(和平发展)'을 천명한다. 1990
년대부터 본격화된 '중국위협론(China threat theory)'에 맞서, 자국의
부상이 위협(threat)이 아닌 기회(opportunity)라는 점을 강조하기 위
해 제시된 개념이다.[1] 이는 2003년 당시 중앙당교 상무부장 정비
젠(郑必坚)이 처음으로 천명한 '화평굴기(和平崛起)' 개념이 '화평'
이 아닌 '굴기'에 관심이 집중되자 관련 논란을 잠재우기 위한
조치였다. '굴기'라는 말이 주변국에 위협으로 비치자 평화적으
로 발전하겠다는 '화평발전'으로 바꾼 것이다. 이는 부상국(rising
power)은 패권전쟁(hegemonic war)을 일으키는 도전국(challenger)이 될
것이라는 '강대국 국제정치의 비극(the tragedy of great power politics)'을
재현하지 않겠다는 중국의 강한 의지 표현이기도 하다.[2] 즉, 중
국은 현상유지 국가(status quo power)라는 것이다.[3] 2005년 12월 중

국은 이를 공식화하기 위해 『중국의 화평발전노선(中国的和平发展道路)』 백서를 발표한다. 백서에서 중국은 평화와 공동번영의 조화세계(和谐世界)를 건설해 나갈 것이며, 화평발전은 중국현대화 건설의 '반드시 거쳐야 할 길(必由之路)'임을 문서화한다.[4]

하지만, 2009년을 기점으로 중국의 '핵심이익(core interests, 核心利益)' 개념이 각계의 주목을 받으면서 화평발전론이 내포한 수정주의(revisionism)적 특징이 부각되기 시작한다. 2003년부터 중국 고위층이 대외적으로 사용하기 시작한 핵심이익 개념은 2009년 7월 제1차 미·중 전략경제대화(U.S.-China Strategic and Economic Dialogue, S&ED) 회의 석상에서 다이빙궈(戴秉国) 국무위원이 관련 요소를 제시하고, 그해 11월 베이징에서 개최된 미중 정상회담에서 재차 거론되면서 주목받는다. 더 나아가 2011년 발표된 『중국의 화평발전(中国的和平发展)』 백서에서 중국의 화평발전의 대외 방침 정책 중 하나로 '국가핵심이익(国家核心利益)' 수호가 포함되면서 내포된 그 의미와 적용 범위 등에 논란이 발생한다.[5] 실제로 2011년 백서에서도 2005년 때와 마찬가지로 공동이익(共同利益)이 강조는 되었지만, 국가핵심이익 개념이 포함되었고, 중국의 근본이익(根本利益)과 본국이익(本国利益)이 더욱 중시되는 경향을 보였다.[6]

화평발전 대외정책에서 국가핵심이익 개념이 논란이 된 주요 이유는 중국의 평화적 외교를 강조한 수사(rhetoric)와 반대의 행태(behavior)를 보일 수밖에 없는 속성을 내포하고 있기 때문이다. 이와 관련하여 2003년 제기된 화평굴기를 화평발전으로 수정하는 과정에 '화평'을 강조하면 역으로 타이완 등과의 문제 해결 과정에서 무력 사용(use of force)이 어려워질 수 있다는 주장이 제기되기도 하였다. 이를 미국 호바트 & 윌리엄 스미스칼리지(Hobart and William Smith Colleges)의 저우징하오(Zhou Jinghao) 교수는 중국 대외정책의 '딜레마'라고 표현한다. 그의 주장에 따르면, 중국공산당의 집권 합법성과 이익 수호는 핵심이익 정책의 목적으로 민주화(democratization)와 시장 시스템(market system)을 핵심으로 하는 '자유 국제질서(liberal international order)'와 충돌할 수밖에 없다는 것이다.[7] 현존 국제질서가 제2차 세계대전 이후 미국과 동맹국 중심으로 구축된 '민주-자본주의 서양체제(democractic-capitalist western system)'인 만큼 중국이 핵심이익을 강조할수록 미국의 국가이익, 특히 '사활적 이익(vital interests)'과 충돌하게 된다는 것이다. 이러한 가능성은 중국 내 국제관계 전문가들 사이에서도 활발하게 논의가 되고 있다. 쩡징한(Zeng Jinghan) 교수 등의 중국에서 발표된 관련 논문 108편을 분석한 결과에 따르면 25.92퍼센트의 논문에서 미국이 중국을 '봉쇄(containment)'하고 있다고 주장한 것으로 나타났다. 특히, 2009년부터는 미중 관계가 핵심이익 측면에서 가장 많이 논쟁(31.48퍼센트)이 되고 있는 양자관계 이슈로 분석되었다. 중국 국내 학자들은 국가핵심이익 수호 측면에서 미중 관계를 가장 중요한 국제관계이면서 동시에 '장애요인'으로 인식하고 있는 것이다.[8]

1-2 공세적 대외 정책 논란

2010년을 기점으로 화평발전론의 수정주의적 속성에 관한 이론적 논쟁과 더불어 중국의 대외정책이 '공세적(assertive)' 행태를 보인다는 주장이 제기된다. 2008~2009년 미국발 금융위기로 미국의 국력이 상대적으로 약해진 틈을 타 중국의 '탈현상유지 국가' 움직임이 나타나고 있다는 것이다. 특히, 2009~2010년에 발생한 7개 주요 사건, 즉 코펜하겐 기후변화회의, 타이완 무기 수출, 달라이 라마(Dalai Lama) 미국 방문, 남중국해 문제, 천안함 사태, 댜오위다오/센카쿠 열도(釣魚島, 尖閣列島) 문제,[9] 연평도 포격 사건 등을 처리하는 과정에서 중국이 보인 외교적 수사와 행태를 문제시 삼는 주장이 언론과 전문가들 사이에서 제기된다.[10] 물론 앨러스테어 이에인 존스톤(Alastair Iain Johnston) 하버드대(Harvard University) 교수의 주장처럼 중국이 보인 외교적 수사와 행태를 '공세적'으로 규정하기 힘든 측면도 있다.[11] 김흥규 교수의 분석대로 중국 내에서도 '핵심이익 확대론', '보수적 핵심이익론', '절충론' 등 다양한 논쟁이 일어나고 있다.[12] 그럼에도 불구하고 지난 10여 년간 중국 대외정책 특징은 '지속'보다는 '변화'가 더 컸다는 주장이 지속해서 제기되고 있고, 각종 논란의 중심에 국가핵심이익이 관련되어 있었음을 발견할 수 있다.

2010년 전후부터 중국의 평화적 부상 정책이 내포한 위험 요소가 이미 이념적·이론적 논쟁 수준을 넘어 수정주의 특성을 드러내는 대외정책 행태로 나타나기 시작하였다는 주장은 국가핵심이익 관련 실증연구에서 근거를 찾을 수 있다. 2017년 내용분석법(content analysis)을 적용한 연구 결과에 따르면, 중국은 앞서 설명한 것처럼 백서 발표뿐만 아니라 후진타오(胡錦濤)와 시진핑(习近平) 등 주요 지도자들의 발언을 통해 국가핵심이익 개념을 공식화한다. 또한, '국가주권(国家主权)', '국가안보(国家安全)', '영토완정(领土完整)', '국가통일(国家统一)' 관련 문제가 지속해서 증가할 뿐 아니라 시진핑 집권 시기에 들어 '중국 헌법이 확립한 국가정치 제도와 사회의 전반적 안정(中国宪法确立的国家政治制度和社会大局稳定)'과 '경제사회의 지속가능한 발전을 위한 기본보장(经济社会可持续发展的基本保障)' 관련 문제가 추가되면서 외연을 확대하고 있는 것으로 나타났다.[13] 주목할 부분은 국가핵심이익이 단순한 외교적 수사가 아닌 공세적 대외정책의 명분이자 이론적 근거가 되었다는 점이다.

1-3 중국몽 선포와 전랑외교(战狼外交)

중국의 국가 대전략은 시진핑 집권 이후 더욱 우려를 자아내고 있고 '공세적' 대외정책은 새로운 논쟁으로 확대되는 양상을 보인다. 시진핑 집권 시기에 들어 중국은 중국몽(中国梦)으로 표현되는 '중화민족의 위대한 부흥(中华民族伟大复兴)'을 국가 목표의 기치로 내건다.[14] 건국 100주년인 2049년까지 '부강하고, 민주적이고, 문명적이며, 조화롭고, 아름다운 사회주의 현대화 강국(富强民主文明和谐美丽的社会主义现代化强国)'을 건설하겠다는 계획이다. 이를 위해 2020년과 2035년 단계별 목표까지 제시한다. 시진핑 정부가 내세운 중화민족의 위대한 부흥 국가 대전략은 화평발전을 내세웠던 후진타오 집권 시기보다 더욱 공세적인 측면이 강하다.[15] 2017년 제19차 중국공산당 전국대표대회 보고서에서부터 중국은 '사회주의 현대화 국가(社会主义现代化国家)' 건설이 아닌 '강국(强国)' 건설을 천명한다. 덩샤오핑(邓小平) 집권 시기 제시되었던 '강국' 건설 의지가 시진핑 집권 시기에 들어 다시금 부활한 것이다. 실제로 시진핑 국가주석을 중심으로 하는 5세대 지도부는 더욱 적극적인 강대국화를 추진하고 있다. 미국 등 선진국에 '신형대국관계(新型大国关系)'에 이어 '신형국제관계(新型国际关系)'를 요구하고 있고, 주변국에는 '아시아 운명공동체'라는 화두를 던지는 등 지역 대국으로서의 확실한 자리매김을 하고자 하고 있다.[16]

시진핑 집권 이후 중국의 강대국화는 외교적 수사 차원을 넘어 실제 행태로 나타나고 있어 논란을 확산시키고 있다. 타이완 중앙연구원(Academia Sinica)의 장랴오옌중(張廖年仲) 박사의 연구에 따르면, 지난 10년 중국의 대외정책은 핵심이익 강조와 같은 외교적 이니셔티브(diplomatic initiatives)에서 변화가 일어났을 뿐만 아니라 군비(military spending), 파워 투사(power projection), 해외 원조(foreign aid), 동맹 책무(alliance commitments) 등에 더 많은 자원을 투입하는 것으로 나타났다.[17] 대외정책의 공세적 특징이 더욱 뚜렷해졌다는 주장이다. 이에 더해 시진핑 집권시기 들어 중국의 대외정책이 사나운 맹수와 같이 적대 국가를 응대하는 '전랑외교(战狼外交)' 성향을 보인다는 주장까지 제기된다. 중국이 자국을 대상으로 제기된 의혹이나 비난에 대해 격렬하게 반응하는 것을 넘어 문제를 제기한 상대국에게 책임을 돌리는 모습을 보인다는 것이다.[18] 전랑외교가 더욱 논란이 되는 이유는 주체가 외교관이라는 점이다. 중국 외교관들이 국가이익을 사수한다는 명분으로 전면에 나서 상대국과의 대립을 불사하고, 그 과정에서 언론매체를 활용해 자국의 의도를 강요하는 행태를 보이기 시작하였기 때문이다.[19] 중국이 과거 도광양회(韬光养晦), 그리고 이보다 더욱 적극적인 행태 특징으로 대변되는 유소작위(有所作为) 외교 색채까지 벗어났다고 할 수 있다.

저우징하오 교수는 시진핑 집권 시기 중국의 대외정책을 민족주의 영향과 핵심이익 수호 두 가지로 규정한다. 이 두 가지는 공세적 대외정책 논란에 이어 전랑외교 논쟁까지 발생한 원인이라 할 수 있다. 저우 교수는 중국 대외정책 특성 중 칭화대(清华大) 옌쉐퉁(阎学通) 교수가 주장하는 현실주의 이론에 기반을 둔 '왕도이론(王道理论)' 특징이 더욱 부각되고 있다는 점을 지적한다. 이런 연유로 중국이 야심 차게 국가전략 차원에서 추진한 소프트파워(soft power) 정책 또한 '매력적 공세(charm offensive)'를 넘어 '샤프 파워(sharp power)'로 비판받을 수밖에 없다는 주장이다.[20]

1-4 무력 사용 가능성

중국의 국가핵심이익 개념의 공식화와 외연 확대가 문제시되는 이유는 중국의 급속한 부상과 이에 따른 대외정책 변화와 무관하지 않다. 중국이 국가핵심이익을 강조할수록 대외정책 행태는 공세적, 심지어 공격적(aggressive)으로 변할 개연성이 높기 때문이다. 국가핵심이익을 수호하기 위해 무력 사용을 포함한 다양한 수단이 동원될 수 있기 때문이기도 하다. 이는 결과적으로 중국의 국가핵심이익 관련국들의 우려를 초래할 수밖에 없다. 실제로 국가핵심이익을 끝까지 사수해야 할 '마지노선(底线)'으로 양보와 타협이 불가능하다는 중국의 강경한 입장 표명은 이러한 우려를 더욱 가중시키고 있다.

국가핵심이익 수호 방법과 관련하여 중국은 '이유가 있고 근거가 있으며 절제가 있는(유리유거유절, 有理有据有节)' 투쟁을 전개해야 하고, 군사적 투쟁을 정치·경제·외교적 투쟁과 긴밀히 연계시켜야 함(把军事斗争与政治, 经济, 外交斗争密切配合起来)을 강조하고 있다.[21] '유리유거유절'은 1940년 3월 11일 마오쩌둥(毛泽东)이 제시한 항일통일전선(抗日统一战线)의 3대 원칙 즉, 자위원칙(自卫原则), 승리원칙(胜利原则), 휴전원칙(休战原则)을 의미한다. 이 3대 원칙은 1949년 신중국 건국 이래 중국이 보인 대표적인 위기관리(crisis management) 특징 중 하나로, 무력 사용을 유일한 수단으로 고려하지 않는다는 의미를 내포하고 있다.[22] 오히려 가능한 모

든 수단을 동원하여 국가핵심이익을 수호하겠다는 의지의 표현
이다. 실제로, 중국은 후진타오 집권 시기에 들어 회색지대 전략
(gray zone strategy)이라 할 수 있는 3전(three warfares, 三战) 전략, 즉 심리
전(psychological warfare, 心理战), 여론전(public opinion warfare, 輿论战), 법률
전(legal warfare, 法律战)을 공식화하고 타이완 문제와 한국 사드배치
이슈 등에서 시전한다.[23]

그렇다고 무력 사용의 가능성을 완전히 배제한 것은 아니다.
중국은 상황에 따라 최후의 수단으로 무력 사용도 불사하겠다
는 입장이다. 중국 인민해방군의 역할이 강조되는 것도 이러한
이유이다. 심지어 인민해방군에게 군사적 투쟁뿐만 아니라 정
치·경제·외교적 투쟁과의 긴밀한 연계까지 요구하고 있다. 대
표적인 예로 중국은 일본, 필리핀 등과의 분쟁에서 무력 사용 전
단계인 무력 과시(display of force)까지 행사하였다. 주변 섬의 기지
화도 가속화하고 있는 상황이다. 2014년 이후 국가핵심이익 수
호라는 명분하에 남사군도에 대규모 매립을 통해 군사 작전을
위한 인프라 및 군사시설을 건설하고 있을 뿐만 아니라 피어리
크로스 암초(Fiery Cross Reef, 永暑礁)에는 대형 항만과 활주로를 건
설하기까지 한다. 2016년 4월에는 해군초계기가 실제로 착륙하
기도 하였다.[24] 이런 측면에서 미국 랜드 연구소(Rand Corporation)
에서 구분한 중국의 회색지대 전술 77가지 행위 중 군사 분야가
30가지로 약 39.0퍼센트를 차지한다는 점은 주목할 부분이다.[25]

무력 사용 가능성을 완전히 배제할 수 없는 또 다른 이유는
1949년 이후 중국이 높은 빈도수로 국가 간 군사적 분쟁에 연

루되었고, 국제환경 변화와 무관하게 무력을 사용하였다는 사실 때문이다. 냉전 기간 중국은 연평균 2.81회 국가 간 군사 분쟁(militarized interstate disputes)에 연루된 것으로 나타났다. 심지어 예상과 달리 냉전 종식 후 10년 동안 연평균 3회로 줄지 않았다.[26] 이뿐만 아니라 1949년 이후 23곳의 영토분쟁 지역에서 여섯 번이나 무력을 사용한 전례도 있다.[27] 무력 사용이 국가 간 분쟁을 해결하기 위해 중국이 언제나 고려할 수 있는 옵션 중 하나임을 알 수 있는 역사적 근거이다.

[표 1-1]에서 알 수 있듯이, 중국 내 학자들도 국가핵심이익 수호의 중요한 수단으로 군사적 옵션을 검토하고 있다. 약 23,0

표 1-1 **중국의 국가핵심이익 수호 방법과 구체적 정책**

수호 방법	주요 정책	비중(%)	
외교적 수단	국제질서 유지와 개혁, 공공재 제공	55.5	-
	미국과 러시아의 핵심이익 존중과 결합		15.7
	외교적 타협		14.8
	소프트파워 강화		15.7
군 현대화	전략적 억제	13.8	
	무력 사용		
군사 협력	연합훈련	9.2	
	군사 투명도 제고		
	군사안보 대화		
경제력	경제 협력	-	11.1
	경제적 영향력	-	4.6
	대미 의존도 낮춤	-	-
국내 개혁	애국주의 고취	7.4	

• 자료: Jinghan Zeng, "Is China Committed to Peaceful Rise? Debating How to Secure Core Interests in China," *International Politics*, Vol.54, No.5, 2017, pp.618-636.

퍼센트에 해당하는 중국 학자들이 군 현대화(military modernization)
와 군사 협력(military cooperation) 등 군사적 수단을 외교적 수단
(diplomatic means) 다음으로 고려하고 있음을 알 수 있다.[28]

1-5 경제보복의 정치·경제적 피해 특징

최근 10여 년간 중국은 국가핵심이익 관련 이슈에 경제보복을
포함한 다양한 수단을 동원한 것으로 나타났다. [표 1-2] 사례에
서 알 수 있듯, 중국은 상대국 경제력, 지역, 미국동맹 여부, 이슈
성질 등과 상관없이 특정 정치·외교적 목적 달성을 위해 경제력
을 도구화하기 시작하였다. 이중 프랑스, 노르웨이, 일본, 한국,
호주는 모두 경제협력개발기구(OECD) 회원국으로 다원적 민주
주의 체제를 가진 경제 선진국이다. 개발도상국과 달리 경제 선
진국에 대한 보복 조치는 경제 상호의존도 상황과 기술력 차이
등으로 인해 '굴복'시키기 어려울 뿐 아니라 자칫 잘못하면 인권
이슈가 부각 되는 등 세계 여론의 역풍을 맞을 수 있다. 중국 경
제가 심한 타격을 받을 수 있는 '역보복' 가능성도 배제할 수 없
다. 다른 한편, 중국은 지역 그리고 미국 동맹국 여부와 상관없이
보복 조치를 가하였다. 중국에게 경제보복을 당한 미국 동맹국
비율이 약 75.0퍼센트일 정도로 오히려 미국 동맹국 '길들이기'
수단으로 사용되었을 가능성을 의심하지 않을 수 없다. 끝으로,
비전통안보(nontraditional security) 이슈까지 대상이 되는 등 경제보

표 1-2 **최근 10여 년 중국의 대표적인 경제보복 사례와 특징**

연도	대상국	OECD 회원국	이슈	성질	대응 수위
2008	프랑스	○	달라이 라마 회견	연성	정치, 경제
2010	일본	○	센카쿠 열도 해역 중국어선 나포	강성	무력 과시
2010	노르웨이	○	류샤오보 노벨평화상 수상자 선정	연성	정치, 경제
2012	일본	○	일본의 센카쿠 열도 국유화 선언	강성	무력 과시
2016	타이완	×	차이잉원 총통 당선	연성	정치, 경제
2016	몽골	×	달라이 라마 회견	연성	정치, 경제
2016	필리핀	×	남중국해 영토분쟁	강성	무력 과시
2017	한국	○	사드배치	강성	정치, 경제
2020	호주	○	코로나19 책임론	연성	정치, 경제

● 자료: 이민규, 『중국의 유럽 선진국 대상 경제보복 특징과 통합적 위기관리 전략』(서울: 서울연구원, 2020), p.3.

복 영역이 충돌 이슈에서 협력 이슈로까지 확대되었음을 알 수 있다.

중국의 국가핵심이익 '수호'를 위한 경제보복으로 관련 국가들은 특정 산업에서의 경제적 피해는 물론 정치적 타격도 입은 것으로 확인된다. 양국 경제 관계에 끼친 영향이 상대적으로 미비했던 것에 반해, '정치적 길들이기'의 목적에 부합하는 부정적 학습(negative learning)이 이루어졌음을 확인할 수 있다. 유사 사건이 발생하였을 때 혹은 어떠한 정책적 결정이 중국 경제보복의 빌미가 될 수 있음을 염려하기 시작한 것이다(〔표 1-3〕 참고).

대표적인 예로, 노르웨이는 2010년 10월 8일 노벨 위원회가 중국의 반체제인사 류샤오보(刘晓波)를 노벨평화상 수상자로 선정하면서 중국의 경제보복을 받게 된다.[29] 그 영향으로 노르웨이

표 1-3 **중국 경제보복의 주요 행태적 특징**

경제보복 특징	주요 내용	주요 사례		
		프랑스	노르웨이	한국
경제보복 전 조기 경고	**[상대국 정치·외교적 압박]** 위기관리 차원의 조기 경고 - 단순한 외교적 수사로 취급 불가 - 사건 발생 전 '억제' 전략 - 경제보복 전 '압박 외교'	○	○	○
보이콧 방식 선호 단기적·제한적 타격	**[자국 경제적 피해 최소화]** '정치적 길들이기' 목적 - 중국이 정한 규범과 원칙 강요 - 국가핵심이익 관련 문제 이슈화 용납·좌시 불가 - 상응하는 보복 조치로 상대국 입장과 태도 변화 도모 - 상대국 리더십 흠집 - 국민 체감 극대화 산업 집중 공략 - 타국과의 경제협정으로 우회적 타격	○	○	○
불매운동 통제	**[자국 정치적 피해 최소화]** 시위 변질 차단 - 반체제(공산당) 운동으로 이용·확대 방지 - 양국 관계 감정적 훼손 심화 우려	○	○	△
목적 달성 전 경제보복 지속	**[자국 정치적 피해 최소화]** 특정 정치·외교적 목적 달성 - 상대국 입장 변화와 사과 요구 - 적극적 협상은 분쟁 해결에 유리	○	○	○

● 자료: 이민규, 『중국의 유럽 선진국 대상 경제보복 특징과 통합적 위기관리 전략』(서울: 서울연구원, 2020), pp.46-63; 이민규·박은현, 『한중관계 30년 진단과 전환기 서울시 대중국 도시외교 전략』(서울: 서울연구원, 2021), p.23.

의 대중국 수출은 양국 관계 상황에 따라 일정 부분 타격을 받게 된다. 특히, 대중국 어류 그중에서도 연어 수출은 큰 치명타를 입게 된다. 2012년 노르웨이의 대중국 수출액은 23.92억 달러로 전년도 대비 약 5.31억 달러 감소한다. 노르웨이의 대중국 수출 상황을 2011년 수준을 유지했을 경우로 가정하면, 2011년에서 2014년 사이 약 3.22억 달러가 감소된 걸로 추정된다. 2010년을 기준으로 지난 5년간의 평균 증가율인 20.0퍼센트를 감안하면 그 손실액은 더욱 커져 약 30억 달러까지 감소된 것으로 추정되기도 한다. 노르웨이를 포함한 78개국과 비교 분석한 결과로는 2011년 3.0퍼센트 포인트, 2012년 22.0퍼센트 포인트, 2013년에는 16.0퍼센트 포인트 감소한 것으로 나타났다. 이는 2011년에서 2013년 사이에 7.8억 달러에서 13억 달러의 수출 감소를 의미한다.[30] 노르웨이의 대중국 수출액은 양국 관계가 잠시 소강상태에 들어가면서 2014년 32.76억 달러까지 회복이 되지만, 2014년과 2015년 중국이 재차 경제보복을 가하면서 2015년 다시 한번 꺾이게 되고, 2016년에는 2012년 수준까지 다시금 떨어지게 된다.

중국의 경제보복이 노르웨이의 대중국 수출에 끼친 영향이 상대적으로 제한적이었다면, 대중국 수출 품목(export category) 중 약 30.0퍼센트로 가장 큰 비중을 차지하는 어류 수출 그중에서도 연어 수출은 직격탄을 받게 된다.[31] 2010년 중국 내 노르웨이 연어 시장점유율이 약 92.0퍼센트였던 것을 고려할 때, 중국이 경제보복 체감적 효과를 극대화할 수 있는 산업을 특정하였다고 할 수 있다. 2011년 노르웨이의 대중국 연어수출량은 2010년의 12,434톤에서 4,154톤으로 급감한다. 2012년 12,772톤을 수출하여 2010년 수준으로 회복되지만 1년 뒤인 2013년 다시금 5,095톤 규모로 줄어든다. 노르웨이의 대중국 연어수출량 역시 2014년 9,343톤으로 회복되지만 2015년 3,609톤, 2016년 598톤까지 떨어진다. 그 영향으로 2013년 노르웨이는 10년간 유지해 온 대중국 연어 수출 1위 자리를 페로 제도(Faroe Islands)에 넘겨주게 되고, 2016년에는 칠레가 13,625톤을 수출하면서 1위 국가가 된다.[32] 단, 명확히 할 부분은 노르웨이의 대중국 수출액 중 어류 비중은 약 17.0퍼센트이고, 연어는 그중에서도 약 10.4퍼센트에 불과하여, 총수출액 중 연어 비중이 약 3.0퍼센트밖에 되지 않았다는 점이다. 중국 경제보복의 주목적이 경제적 타격이 아니었음을 알 수 있는 대목이다.

노르웨이에게 경제적 손실보다 더 치명적인 것은 정치적 타격이었다. 2013년 9월 대선에서 승리한 중도보수연합의 신임 총리 에르나 솔베르그(Erna Solberg)는 중국과의 관계 개선을 도모하게 된다. 노르웨이는 레드라인(red line)에 근간한 '당근'과 '채찍'을 동시에 사용하는 압박 외교로 중국과의 '건강한' 관계 구축을 시도하지만, 그 과정에서 정치적으로 길들여지는 모습을 보이기도 한다. 2014년 5월 노르웨이 정부는 노르웨이를 방문하는 달라이 라마와 고위급 간의 모든 회담을 거부한다. 이는 노르웨이 고위급 인사가 달라이 라마와의 회담을 거부한 첫 번째 사례이다. 당시 에르나 솔베르그 총리는 뉴욕타임스(The New York Times) 기자에게 노르웨이 정부의 이번 결정은 중국과의 관계 개선을 위한 것임을 밝힌다. 노르웨이 정부의 이 결정은 한편으로는 국내 여론조사 결과 '비겁한(cowardly)' 결정이라고 답한 응답자가 약 50.0퍼센트를 차지하였을 정도로 국민적 지지를 받지 못하였고, 다른 한편으로는 인권이라는 세계적 가치를 '포기'하는 것이라는 비판으로부터 자유롭지 못하였다. 간과할 수 없는 부분은 2008년 니콜라 사르코지(Nicolas Sarkozy) 프랑스 대통령의 달라이 라마 회담 등 프중 티베트 갈등에 대해 '간접 학습(indirect learning)'이 이루어졌을 가능성을 배제할 수 없다는 점이다.[33]

2
국가핵심이익의 네 가지 가설

후진타오 집권 이후 중국의 부상을 둘러싼 논쟁의 중심에 국가
핵심이익이 연관되어 있음을 알 수 있다. 국가핵심이익이 후진
타오 집권 시기의 화평발전론과 공세적 대외정책, 시진핑 집권
시기의 중화민족의 위대한 부흥과 전랑외교, 그리고 무력 사용
가능성과 경제보복 등 국가 대전략 층위에서 대외정책 수단 층
위까지 모든 논쟁을 관통하고 있다. 이는 국가핵심이익 개념이
단순한 수사가 아닌 대외정책 의사결정 과정에 지대한 영향을
끼치는 '원칙' 같은 것임을 의미한다. 다른 한편으론 중국의 부
상과 관련된 각종 논란에 '해답'을 구할 수 있는 핵심 개념임을
뜻하기도 한다.

이런 차원에서 중국의 부상을 둘러싼 쟁점과 국가핵심이익 간
상관관계를 논리적으로 추론해 보면 다음과 같은 가설을 제시
할 수 있다.

- **가설 1** 중국 정부가 국가핵심이익을 지속적으로 개념화·공식화한다면, 중국은 수정주의 성향의 대외정책을 추진할 것이다.
  - 가설 1-1 후진타오 집권 시기 중국 정부의 국가핵심이익 개념화가 공식화된다면, 중국은 '화평'보다 '발전'에 방점이 찍힌 화평발전노선을 추구할 것이다.
  - 가설 1-2 시진핑 집권 시기에 들어 중국이 국가핵심이익의 개념화와 공식화를 지속한다면, 수정주의 성향의 중화민족의 위대한 부흥 전략을 추구할 것이다.

- **가설 2** 중국 정부가 국가핵심이익 관련 문제와 이슈를 추가하여 외연을 계속 확대한다면, 중국 대외정책의 공세적 특징은 더욱 심화될 것이다.
  - 가설 2-1 중국 정부가 국가핵심이익의 외연을 계속 확대한다면, 중국 대외정책 행태를 둘러싼 논쟁은 확대 및 가열될 것이다.

- **가설 3** 중국 정부가 국가발전이익 관련 국가핵심이익 이슈를 지속해서 추가한다면, 중국의 경제보복을 포함한 경제력의 무기화는 더욱 빈번해 질 것이다.
  - 가설 3-1 중국 정부가 국가발전이익 관련 이슈를 지속해서 추가한다면, 경제 분야가 협력이 아닌 갈등 영역으로 부각될 것이다.

• 가설 3-2 중국 정부가 산업·기술 분야를 전략화한다면, 경제력 바탕의 힘의 투사가 더욱 노골화될 것이다.

● **가설 4** 중국 정부가 국가주권과 안보, 특히 국가안보 관련 국가핵심이익 이슈를 계속 강조한다면, 중국의 무력 사용 가능성은 높아질 것이다.

• 가설 4-1 중국 정부가 국가주권과 안보 관련 특정 이슈를 공식화할수록, 무력 배치 등 무력 사용을 위한 조건과 명분을 지속적으로 확보해 갈 것이다.

종합적으로, 만약 국가핵심이익이 단순한 정치·외교적 수사가 아닌 중국 국가 대전략의 기본 원칙이자 대외정책의 판단 기준이라면, 중국의 강대국화 과정에서 미국을 포함한 주변국과의 정치적·군사적·경제적 혹은 사회문화적 갈등과 마찰은 더욱 빈번해 질 것이고, 그 과정에서 중국이 경제보복과 무력을 사용할 가능성도 높아질 것이다.

이상의 가설은 중국의 국가 대전략과 대외정책에서 국가핵심이익 개념이 중요한지 여부를 파악하기 위함이다. 이를 위해서는 국가핵심이익 개념에 대한 학술적·정책적 논증이 우선적으로 이루어져야 한다. 특히, 2003년 전후 중국 고위층이 국가핵심이익을 제시한 이후 지속해서 개념화·공식화되고 있는지를 파악해야 한다. 이와 함께 중국의 국가핵심이익 관련 구체적인 문제와 이슈가 무엇인지 선별하는 분석이 수반되어야 한다. 이는 미국을 포함한 주변국의 대중국 위기관리 방안 마련과 의사결정의 오판을 줄이기 위해 중요한 작업이라 할 수 있다. 어떤 문제와 이슈가 추가되면서 외연이 확대되는지, 특히 중국 정부에 의해 '공식화'되는 문제와 이슈가 무엇인지 체계적인 분석이 필요하다.

중국 국가핵심이익 개념에 대한 이해와 체계적 분석의 필요성에도 불구하고, 이론적 검토와 관련 문제에 대한 실증연구는 여전히 미흡한 상황이다. 이 개념이 제시된 지 20여 년이 지났지만 언론 노출도와 사용 빈도에 비해 국제관계 이론뿐만 아니라 중범위이론(middle-range theory)을 적용한 연구 성과는 미비하다. 관련 토론과 논증 역시 활발히 이루어지고 있지 않다. 여전히 일부 중국 지도층의 발언과 중국 정부의 발표에 의존하는 등 다각적인 실증연구가 수행되고 있지 않는 현실은 문제가 아닐 수 없다. 이로 인해 첫째, 전략이익(戰略利益)을 포함하여 다른 성질의 국가이익과의 관계에 개념적 논쟁이 지속적으로 발생하고 있다.

둘째, 남중국해, 센카쿠열도, 한반도 등을 둘러싸고 발생했던 논쟁처럼 어떤 이슈가 중국의 국가핵심이익 범주에 속하는지에 대한 논란과 추측이 계속해서 발생하고 있다.[34] 이슈가 된 후에야 국가핵심이익 관련 문제로 인지하는 한계도 노출되고 있다.

셋째, 가장 심각한 문제는 '소 잃고 외양간 고치는 격'의 대응이 반복된다는 점이다. 중국의 무력 과시와 경제보복 사례가 증가함에 따라 우려는 증가하였지만, 중국 대외정책에 대한 이념적 접근과 국가핵심이익 관련 문제와 이슈 파악 실패로 예방외교

(preventive diplomacy)가 제대로 작동되지 못하고 있다. 다르게 표현하면 정책 실행 후 보복을 염려하는 일이 반복되고 있는 것이다.

넷째, 기존 연구 대부분에는 국가핵심이익 범주에 포함되는 경제와 사회문화 관련 이슈 논의가 결여되어 있다.[35]

이상의 문제의식에 기반하여 국가이익 체계 내에서 국가핵심이익 개념을 이론적으로 정리하고, 관련된 구체적인 문제와 이슈를 실증적으로 분석하고자 한다. 첫째, 중국에서 주장하는 국가핵심이익은 무엇인가? 특히 국가이익 체계에서 어느 위치에 있는 개념인가? 둘째, 중국의 국가핵심이익은 어떠한 과정을 거치면서 공식화되고 있는가? 공식화 과정에서 어떠한 방식을 통해 권위를 부여받는가? 셋째, 중국의 국가핵심이익 관련 문제와 이슈에는 어떠한 것들이 있는가? 이와 관련하여, 집권 시기별 어떠한 성질의 문제와 이슈가 추가되면서 외연이 확대되고 있는가? 넷째, 중국의 국가핵심이익 관련 구체적인 문제와 이슈는 어떤 맥락에서 거론되는가? 즉, 핵심이슈는 무엇인가? 다섯째, 중국의 국가핵심이익 관련 정책이 거시적으로는 국제관계에, 미시적으로는 한중관계에 주는 정책적 시사점은 무엇인가? 이와 같은 문제에 답을 구하고자 한다.

3
연구 방법과 책의 구성

3-1 연구 방법

이 연구는 중국의 국가핵심이익 개념과 관련 정책을 이론적으
로 검토하고 관련 문제를 실증적으로 분석하여 정책적 시사점
을 도출하는 것이 주목적이다. 이를 위해 문헌 연구와 내용분석
법을 주요 연구 방법으로 채택하였다.

우선 문헌 연구는 중국의 국가핵심이익 개념과 정책의 변천
과정을 살펴보고, 이와 관련된 논쟁을 파악하기 위해 학술논문
과 함께 정부 발행문서와 정책보고서 등을 검토하였다. 연구 배
경과 필요성 부분에서는 학계의 논쟁을 중심으로 거시적 담론
에서 미시적 영향까지 층위별 주요 쟁점을 분석하였다. 중국의
국가핵심이익과 직결된 연구는 특정 학자의 핵심 주장을 직접
적으로 소개하였다. 기존 연구의 한계점은 종합적 분석과 함께
각각의 내용을 더욱 구체적으로 이해할 수 있도록 주석에 참고

자료를 소개하였다. 중국 국가핵심이익 개념과 공식화 과정은 국가핵심이익 개념을 기준으로 기존 연구 결과를 재정리하였다. 개념과 관련된 만큼 논쟁을 소개하기보다 다양한 연구 결과를 비교분석하는데 집중하였다.

내용분석법은 본 연구의 핵심 연구 방법으로 중국의 국가핵심이익 관련 문제와 이슈를 파악하기 위해 채택하였다. 구체적인 방법은 다음과 같다.

첫째, 분석 자료로 인민일보(人民日報)를 선택하였다. 인민일보를 선택한 주요 이유는 다음과 같다. 인민일보는 중국공산당 중앙위원회 직속 중국공산당 기관지로 중국공산당과 엘리트들의 주요 관점과 시각을 잘 담고 있다.[36] 실제로 인민일보는 당의 이념, 노선, 방침, 정책 그리고 중앙의 중대 결정과 안배의 적극적인 선전을 주요 역할로 명시하고 있다. 이러한 이유로 국내·외 정치 상황에 따라 특정 기사가 삭제되는 경우를 발견할 수 있다.

이 연구의 주요 목적 중 하나는 집권 시기별 중국의 국가핵심이익 정책 변천 과정과 구체적인 문제를 분석하는 것이다. 자료자체의 변수 통제가 그 무엇보다 중요하다. 이런 차원에서 인민일보는 일간지로 연속성과 통일성을 담보할 수 있다. 또한, [표 1-4]에서 알 수 있듯이 통계 처리에 충분한 샘플량을 보장한다. 참고로, 시진핑 집권 시기 실시한 반부패 운동 등의 영향으로 일부 기사가 삭제되면서 1차 연구 기간(2017~2018년) 대비 샘플량이 줄었지만, 국가핵심이익 키워드 같은 경우는 연구 목적을 고려하여 1차 연구 기간 편수를 그대로 적용함을 특별히 밝힌다.

표 1-4 **집권 시기 별 국가이익, 핵심이익, 국기핵심이익 거론 빈도**(단위: 편)

집권 시기/ 국가이익 등급	국가이익	핵심이익	국가핵심이익
후진타오(2003~2012년)	1,045	856	76
시진핑(2013~2022년)	1,105	1,628	159
총계	2,150	2,484	235

● 주 1: 2022년 12월 검색 결과 기준.
● 주 2: 국가핵심이익은 2018년까지는 1차 연구 기간(2017~2018년) 검색 결과 기준.
● 자료: 인민일보 분석 결과를 바탕으로 저자 작성.

광명일보(光明日報)와 중국 외교부 대변인 기자간담회 자료가 분석 자료로 함께 고려되었지만, 전자는 대표성이 떨어지고 후자는 내용의 범위가 제한적이라는 점 때문에 선택되지 않았다. 광명일보 역시 인민일보와 마찬가지로 중국공산당 중앙위원회가 주관하고 운영한다. 하지만, 선전부가 대관(代管)을 하고 있고, 지식인층 중심의 중앙당 기관지라는 점 때문에 대표성이 상대적으로 떨어진다. 외교부 대변인 자료는 부서 특성상 외교 관련 이슈만 주로 다루기 때문에 중국 국가핵심이익의 세부 구성요소 전체를 분석할 수 없을뿐더러 외연 확대 특징을 분석하고자 하는 이번 연구의 목적에 부합하지 않는다.[37]

앞서 거론한 쩡징한 등의 연구에서 알 수 있듯이, 중국의 국가핵심이익 정책과 관련 문제에 대해 중국 내 학자 사이에서도 상이한 판단과 논쟁이 있다. 특히 많은 연구가 특정 사건에 따른 것(event-driven)이거나 여전히 일부 지도자의 발언에 의존하고 있어, 연속성을 바탕으로 한 종적 비교가 어렵다.[38] 가장 큰 한계점은 2차 자료라고 할 수 있는 선행연구 분석이 주를 이루면서 구체적인 관련 문제를 체계적이고 전면적으로 분석해 낼 수 없을 뿐더러 분석 결과가 중국공산당의 의견을 대변한다고도 할 수 없다.[39]

둘째, 분석 기간을 2000년 1월 1일부터 2022년 12월 31일까지로 하였다. 기존 연구에 의하면, 2003년부터 중국 지도층이 국가핵심이익(혹은 핵심이익) 개념을 공개적으로 사용하기 시작한 것으로 나타난다. 하지만, 이 연구의 분석 대상이 중국 지도층의 발언에 국한시키지 않고, 2003년 이전에 국가핵심이익 개념을 사용했을 가능성을 고려하여 2000년 1월 1일을 분석 시작 시점으로 하였다. 이와 동시에, 중국이 국가이익 개념을 1990년대부터 본격적으로 사용하기 시작하였다는 점 역시 감안하여, 장쩌민(江澤民) 집권 시기에 국가핵심이익 개념이 도입되었을 가능성도 열어 두었다.[40] 분석 기간과 관련하여, 중국의 이익관 변천 과정 등을 설명하기 위해 일부 분석 기간은 1949년 신중국 건립일을 시점으로 하였음을 특별히 밝힌다.

셋째, '국가핵심이익'을 키워드(코딩 단위, coding units)로 선택하였다. 마이클 스웨인(Michael Swaine) 등 기존 연구자들은 '핵심이익'을 키워드로 내용분석 혹은 텍스트 분석(text analysis)을 실시하였다.[41] 하지만 2017년 관련 연구에 따르면, 핵심이익은 외교 무대에서 '서로의 핵심이익을 존중(尊重彼此的核心利益)'해야 한다는 맥락에서 사용되기 때문에 구체적인 문제와 이슈 파악이 어려운 것으로 나타났다. 이에 반해, 국가핵심이익을 키워드로 검색된 기사는 대부분 구체적인 문제를 다루고 있어 관련 문제 판단

뿐만 아니라 맥락까지 분석이 가능하다.[42]

넷째, 아래와 같은 단위(units)화를 기준으로 내용분석을 실시하였다. 우선 '문장'을 1차, '단락'을 2차 배경 단위(content units)로 측정하였다. 분석 과정에서 하나의 단락으로 분류가 불가능할 때는 '통사 단위(syntactical units)'를 전후 '복수의 단락'으로 확대하였다. 대화 형식도 전후 '복수의 단락'으로 확대하였다. 특정 이슈를 구체적으로 다루고 있는 기사는 '복수의 단락'에서 '전체 기사'로까지 분석 범위를 확대하였다. 마지막으로 동일 기사에서 '국가핵심이익'과 '핵심이익'이 동시에 거론될 경우 국가핵심이익이 거론된 문장과 단락을 기준으로 핵심이익 맥락까지 고려하였다.

다섯째, 내용분석법을 사용하는 주된 목적은 국가핵심이익과 관련된 구체적인 문제와 이슈를 밝히는데 있기 때문에 문제 간 관계는 테스트(test)하지 않았다. 분석 결과는 검색 키워드 간의 횡적인 테스트를 제외하고 빈도(수)와 백분율 등의 묘사(description)와 맥락을 텍스트 분석 위주로 설명하였다.

여섯째, 이 연구는 독자적으로 진행되었기 때문에 '종적 신뢰도(within)' 테스트를 수행하였다. 종적 신뢰도 테스트는 1차 연구 기간(2017~2018년)에 이어 2차 연구 시점인 2022년 재차 실시하였다. 1차 연구 기간 연습단계에서 인민일보 기사의 시간 순서대로 196편 중 25.0퍼센트에 해당하는 49편의 코딩을 일주일의 시간차를 두고 3회 실시하였다. 백분율 신뢰도 결과 각각 0.612, 0.826, 0.837 수준으로 측정되어 코딩 원칙을 재숙지하고 정식 코딩에 들어갔다. 정식 코딩 단계에서는 40.0퍼센트에 해당하는 78편의 코딩을 일주일 시간차를 두고 2회 실시하였다. 최종적으로 0.897을 기록하였다.[43] 2022년 연구 과정에서는 2019~2022년 기간 39편 중 40.0퍼센트에 해당하는 16편의 코딩을 일주일의 시간차를 두고 2회 실시하였다. 백분율 신뢰도 결과 각각 0.750, 0.875 수준으로 측정되어 정식 코딩에 들어갔다. 정식 코딩 단계에서는 80.0퍼센트에 해당하는 32편의 코딩을 일주일 시간차를 두고 1회 실시하였고, 최종적으로 0.875를 기록하였다.

마지막으로, 문헌 연구와 내용분석법의 부족한 부분을 보완하기 위해 전문가 인터뷰와 자문회의를 개최하였다. 이 연구의 주요 목적과 직접적으로 연관은 없지만 맥락적 이해를 돕고 정책적 시사점을 도출하기 위해 중국의 대외정책 특징을 중심으로 미중 관계와 한중 관계 등 주요 국가 관계 특징을 논의하여 관련 내용을 보충하였다.

3-2 책의 구성

이 책은 총 여섯 장으로 구성되어 있다.

제1장은 서론으로 연구 배경과 필요성, 연구 목적과 주요 질문, 그리고 연구 방법과 장별 주요 내용을 담고 있다. 연구 배경과 필요성 부분은 화평발전론, 공세적 대외정책, 중화민족의 위대한 부흥과 전랑외교, 무력 사용 가능성, 그리고 관련 국가의 정

치·경제적 피해 등 거시적 담론에서 미시적 영향까지 다섯 가지 측면에서 국가핵심이익 개념과 관련 이슈의 실증연구가 필요한 이유를 단계별로 설명한다. 특히, 국가핵심이익 개념과 정책이 2003년 이후 발생한 이상의 논쟁과 모두 관련되어 있다는 점이 강조된다. 연구 목적과 주요 질문 부분은 이 연구에서 증명하고 자 하는 상호 연관성이 있는 네 가지 주가설과 연관된 여섯 가지 부가설이 제시된다. 이를 위해 기존 연구의 한계점과 함께 연구 의 주요 질문이 던져진다.

제2장은 세 가지 부분으로 구성되어 있다. 우선 국가이익 체계 틀에서 기준별 분류법에 따라 국가핵심이익의 등급과 속성을 살펴본다. 다음으로 중국의 국가핵심이익 개념화 과정을 중국 고위층의 주요 발언과 문서를 중심으로 정리하고, 구성요소와 상관관계를 살펴본다. 마지막으로 인민일보에 대한 내용분석 결과를 바탕으로 국가핵심이익의 외연 확대 특징을 총 여섯 가지 측면에서 점진적으로 분석한다.

제3장부터 제5장까지는 집권 시기별 국가주권, 국가안보, 국가발전이익 관련 주요 문제와 이슈를 살펴본다. 주요 문제와 이슈의 현황과 중요도뿐 아니라 어떤 맥락에서 사용되고 있는지를 함께 검토한다. 이를 통해 맥락과 핵심 이슈 사항을 분석한다. 그리고 국가핵심이익 외에 각 문제와 이슈가 내포하는 다른 국가이익 속성을 조사하여, 문제와 이슈의 성질과 핵심 이슈 사항에 대한 이해도를 높인다.

제6장은 결론으로 두 부분으로 구성된다. 먼저 제5장까지의

연구 결과를 종합적으로 분석한 후에, 이를 바탕으로 서론에서 제시한 가설을 검증하고 정책적 시사점을 도출한다. 이어서, 한중관계 30년을 비판적으로 평가한 후에 국가핵심이익 분석 결과의 관점에서 향후 발전 방향을 최종적으로 제안한다.

2장

중국 국가핵심이익
– 개념과 외연 확대 특징

국가핵심이익은 미국의 사활적 이익(vital interests)에 비견되는 '최상위급' 국가이익이다. 중국은 장쩌민 집권 시기를 기점으로 '국가' 중심의 이익관을 형성한다. 후진타오 집권 시기 때는 국가이익 개념을 등급화하여 핵심이익과 비(非)핵심이익으로 구분한다. 시진핑 집권 시기 '중국의 핵심이익'인 국가핵심이익을 본격화하는 한편 대외적으로 절대적 권위를 부여한다.

2021년 중국공산당 성립(창당) 100주년 기념 천안문 광장 경축 행사 전경.
사진: 중화인민공화국 중앙인민정부 홈페이지(2021년 7월 2일)

1
개념과 등급, 그리고 속성

1-1 국가이익, 절대적이면서 가변적 개념

중국의 대표적인 현실주의 학자이자 '국가이익(national interests, 国家利益)' 개념을 중국 최초로 체계화한 학자는 칭화대학 옌쉐퉁 교수이다. 그의 연구에 따르면, 국가이익은 주권국가 전체 국민의 물질적·정신적 요구(需要)를 의미한다. 이는 계급적 성질(阶级性)을 가진 국내 정치 범위의 국가이익(interests of state)과 구분되는 개념으로, 국제정치의 주요 행위체인 주권을 핵심 특징으로 하는 민족국가(nation or nation state)의 전체 이익을 말한다.[1] 국가이익의 주요 특징과 속성을 구체적으로 살펴보면 다음과 같다.[2]

첫째, 국가이익의 '요구'가 '희망(愿望)'을 의미하지 않는다. 국가이익에서의 요구는 유한(有限)한 것으로 실현가능성을 내포한 개념이다. 이런 측면에서 국제관계에서 국가의 권력(power) 등 요소들이 국가이익 실현의 중요한 변수로 작용한다.[3]

둘째, 국가이익은 개인이익의 집합이다. 하지만, 개인의 모든 이익이 국가이익의 일부분을 뜻하지는 않는다. 같은 원리로 집단이익도 국가이익의 구성요소이지만, 그 자체가 국가이익인 것은 아니다. 다른 한편, 일반적으로 공공이익(公共利益)을 국가이익으로 보지 않는다. 공공이익은 국가 경내에서의 전체 이익으로 국제관계의 영향을 받을 때만 국가이익의 일부로 인정된다.[4]

셋째, 정신적 요구도 국가이익이다. 구성주의(constructivism) 국제관계이론이 형성되기 전에 토대주의(foundationalism) 존재론(ontology)에 기반을 둔 현실주의와 신자유주의 등의 이론에서 국가이익을 핵심 변수로 연구하면서 물질적 측면만이 부각되었다.[5] 하지만, 국가이익은 물질과 정신(혹은 관념) 두 측면을 모두 포함하고 있다. 국가 존엄과 명예 등이 대표적인 관념 방면의 국가이익이라 할 수 있다.

넷째, 국가이익은 가변적이다. 구체적인 국가이익은 객관적 조건과 관념에 따른 정체성(identity) (재)구성으로 변한다.[6] 즉 국가이익의 속성처럼 물질과 관념 두 가지 측면에서 구체적인 국가이익은 변할 수 있다. 국가이익을 상수로 보는 실증주의 인식론(epistemology)을 기반으로 구축된 국제관계이론도 환경 변화에 따라 변할 수 있다는 점을 명확히 하고 있다.

다섯째, 국가이익은 원칙적으로 '절대적'이다. 법률적·도의적으로 어떤 개인, 집단, 조직, 심지어 정부까지도 특정 이익을 위해 국가이익을 희생시킬 수 없다. 즉, 집단이익 혹은 개인이익이 국가이익보다 우선시될 수 없다. 하지만, 이런 '원칙'이 국가이익을 위해 개인이익이나 집단이익을 무조건적으로 희생해야 한다는 것을 의미하지는 않는다. 이익 간 충돌이 일어났을 때 국가는 상황 요소를 고려하여야 하고, 이익 간 균형이 잡히도록 노력해야 한다.[7]

1-2 국가이익, 공동이익과 충돌이익 모두 포함

국가이익은 정의와 속성에 따라 다음과 같이 몇 가지 기준으로 분류할 수 있다. 우선 분야를 기준으로 정치이익, 안보이익, 경제이익, 문화이익 등으로 구분된다. 구체적으로 살펴보면 정치이익은 정치적 독립, 국제적 인정, 국가주권, 국제지위 등 각종 국가이익이 집중적으로 표현된 것이다. 안보이익은 군사적 우세, 영토 안보, 해양 권익 등으로 국가이익의 기초이다. 경제이익은 가장 일상적이며 주기적인 국가이익이다. 마지막으로 문화이익은 정신적 측면에서 중요한 국가이익이다.[8] 한 가지 중요한 점은 이 네 가지 국가이익 모두 물질적 요소와 관념적 요소 전부를 내포하고 있으며, 목적에 따라 하드파워(hard power)와 소프트파워의 구성요소이자 발현이 될 수 있다는 것이다.

다음으로, 효과와 이익의 지속시간에 따라 영구이익(长久利益), 장기이익, 중기이익, 단기이익으로 구분할 수 있다. 그중 영구이익은 불변하는 이익으로 민족국가의 존속과 직접적으로 연관되어 있다. 영토완정, 민족독립, 국가주권, 경제발전 등이 해당된

다. 이에 비해, 장기이익, 중기이익, 단기이익은 상대적으로 가변적인 국가이익이다.[9]

국가이익의 주체 범위를 기준으로 살펴보면, 보편이익, 소수이익, 개별이익으로 분류할 수 있다. 보편이익은 모든 주권국가가 추구하는 이익으로 국가주권, 국제적 지위, 민족 안전 등이 포함된다. 소수이익은 일부 국가가 추구하는 국가이익이다. 가령 대국이 일반적으로 추구하는 국제질서와 국제적 지위, 지역 협력, 동맹국 간의 공동안보 등이 해당된다. 이에 반해, 개별이익은 특정 국가만의 국가이익으로 다른 국가의 국가이익과 무관한 것을 의미한다.[10]

그 외에 국가이익은 성질에 따라 공동이익과 충돌이익, 이익 간 관계에 따라 주체이익과 보충이익, 발전 수준에 따라 선진국이익과 개발도상국이익, 정치제도에 따라 사회주의 국가이익과 자본주의 국가이익 등으로 구분할 수 있다.[11]

1-3 국가핵심이익, '최상위급' 국가이익

국가이익은 집단이익과 개인이익 등 다른 주체의 이익에 비해 '절대적'인 특징을 가지고 있다. 주권을 핵심으로 하는 민족국가의 구성원으로서 이익 간 충돌이 발생하였을 때 국가이익이 우선시 되어야 한다는 일종의 '약속'이다. 하지만, 모든 경우에서 국가이익이 우선시 되어야 함을 뜻하지 않을뿐더러, 국가이익도

표 2-1 **중국학자들의 국가이익 등급 구분법**

연도	1996	2010	2011	2014	2015
학자	옌쉐퉁 (阎学通)	샤오시 등 (肖晞)	장퉈성 (张沱生)	허우위안창 등 (侯远长)	먼홍화 (门洪华)
등급 고 저	생존이익 중요이익 주요이익 변제이익 (边际利益)	핵심이익 중요이익 일반이익 비(非)긴요한 이익	핵심이익 중요이익 일반이익	핵심이익 장기적 이익 근본이익 전략적 이익 안보이익	핵심이익 중요이익 일반이익

• 자료: 이민규, 「한국의 사드배치 결정과 중국의 대한반도 정책 인식 변화 연구: 중국의 '핵심이익' 논쟁을 중심으로」,
『국방정책연구』, 제33권, 제2호, 2017, p.15.

중요도에 따라 몇 가지 등급으로 다시 나눌 수 있다.

[표 2-1]에서 알 수 있듯이 중국 내 학자마다 국가이익 등급 구분법에 다소 차이가 있다. 공통점은 핵심이익을 최상위급 국가이익으로 분류하고 있다는 점이다. 이 때문에 '핵심이익'과 '비(非)핵심이익'의 구분이 생겼음을 확인할 수 있다. 그리고 연구 목적과 이론적 배경에 따라 후자를 제각기 다른 기준으로 분류하고 있지만, 일반적으로 전자를 기준으로 중요도에 따라 핵심이익, 중요이익(重要利益), 일반이익(一般利益) 순으로 분류하고 있다.[12]

1-4 국가핵심이익, 미국의 사활적 이익에 해당

옌쉐퉁 교수는 핵심이익을 '생존이익(生存利益)'으로 인민의 생명과 안전, 국가 정치제도와 경제생활의 장기적인 안정과 관련된 이익으로 정의 내린다.[13] 중국 내 대표적인 자유주의 학자인 베이징대학 왕이저우(王逸舟) 교수는 핵심이익을 한 국가, 한 민족, 한 사회의 '근본'으로 정의하며, 주권 및 특수한 역사와 관련된다고 하였다.[14] 표현상에 다소 차이는 있지만, 핵심이익이 민족국가 존속과 장기적 번영에 직접적으로 영향을 끼치는 국가이익임을 알 수 있다. 이런 점에서 볼 때, 중국의 핵심이익은 미국의 '사활적 이익(vital interests)'과 비슷한 등급의 국가이익으로 볼 수 있다. 사활적 이익이란 전쟁을 치르고서라도 지켜야 할, 국가 존망에 치명적인 영향을 줄 수 있는 이익을 뜻한다.

핵심이익의 속성을 구체적으로 살펴보면 [표 2-2]와 같이 분류할 수 있다. 전통적으로 군사와 안보 등을 다루는 상위 정치(high politics)에 속하는 정치와 안보이익이 핵심이익에 해당된다. 하지만, 글로벌화 되면서 하위 정치(low politics)에 속하는 경제와 사회문화 관련 이익도 포함될 뿐 아니라, 때에 따라서는 경제이익이 안보이익보다 우선시되기도 한다.[15] 지속시간 기준으로는

표 2-2 **국가이익 기준별 핵심이익 속성**

기준	구분법	핵심이익
분야	정치이익, 안보이익, 경제이익, 문화이익	모두 해당
지속시간	영구이익, 장기이익, 중기이익, 단기이익	영구이익(장기와 중기이익*)
주체 범위	보편이익, 소수이익, 개별이익	보편이익(소수와 개별이익*)
성질	공동이익, 충돌이익	모두 해당
관계	주체이익, 보충이익	주체이익

• 주 : * 는 경우에 따라 해당될 수 있음을 의미함. .
• 자료: 저자 작성.

민족국가 형성 및 존재가 직접적으로 연관된 영구이익에 해당된다. 하지만, 비교적 긴 특정 역사 기간에 추구되는 장기이익과 때에 따라서는 중기이익도 핵심이익이 될 수 있다. 주체 범위 측면에서 살펴보면 보편이익이 해당된다. 그러나 국가적 특성에 따라 소수이익과 개별이익 역시 핵심이익이 될 수 있다. 성질 면에서는 핵심이익이 공동이익과 충돌이익 두 가지 속성 모두를 가지고 있지만, 무정부상태(anarchy)라는 국제관계 특징을 고려하였을 때 후자일 가능성이 더 크다. 그리고 핵심이익은 최상위급 국가이익으로 주체이익이다. 결론적으로 핵심이익은 영구적이고 보편적인 상위 정치 관련 이익이다. 하지만 국가이익이 가진 가변성, 즉 객관적 환경 변화와 주관적 정체성 재구성에 따라, 더 나아가 국가 특성의 영향으로 기준별 이익의 속성이 변할 수 있다.

다른 한편, 실제 중국 외교에서 국가핵심이익은 정층설계(顶层设计)와 외교 신호로서의 원칙적 입장이자 구체적인 정책이다.

표 2-3 **중국 국가핵심이익 규정 변수와 주요 사례**

변수		국제 권력 경쟁	
		우세	열세
국내 정치 통합 정도	고	국가핵심이익으로 미규정 (중영 관계) 홍콩 문제	국가핵심이익으로 미규정 (미중 관계) 일반적인 경제·무역, 기후변화 문제
	저	국가핵심이익 여부 불투명(표현 모호) (중일 관계) 센카쿠 열도 문제 (중-아세안 관계) 남중국해 문제	국가핵심이익으로 규정 (미중 관계) 타이완, 홍콩(2020년 이후), 티베트, 신장 문제

• 자료: 方力, 赵可金, 「国家核心利益与中国新外交」, 『国际政治科学』, 第6卷, 第3期, 2021年, 第84页.

원칙적 입장이 추상적인 개념이라면, 구체적인 정책은 여러 요인에 의해 규정되어 진다. 이에 대해 팡리(方力)와 자오커진(赵可金)은 국가핵심이익이 국내 정치 충돌과 국제 권력 경쟁 상황에 의해 규정된다는 주장을 한다. 국내 정치 통합 정도(政治统合度), 즉 정치적 일치 혹은 충돌 정도와 종합국력의 상대적 크기에 의해 결정된다는 것이다.[16] 이들의 주장은 앞서 설명한 국가이익 개념의 가변성을 반영하고 있을 뿐 아니라, 전랑외교 등 논란과 일맥상통한다는 점에서 주목할 필요가 있겠다(두 변수 간의 관계는 [표 2-3] 참고).[17]

2
국가 이익관의 개념화 과정

2-1 개념화 시초, 2003년 타이완 문제

핵심이익 개념은 2003년부터 중국 지도부가 공식적으로 사용하기 시작한다. 2003년 1월 19일 미국 국무부장관 콜린 파월(Colin Powell)과의 회담에서 탕자쉬안(唐家璇) 외교부장이 '타이완' 문제를 중국의 핵심이익으로 규정한 것을 시초로 보고 있다. 하지만 각계의 주목을 받게 되는 시점은 2009년이다. 다이빙궈 국무위원이 7월 제1차 미중 전략경제대화 회의에서 세 가지 구성요소를 제시하고, 다음 해인 2010년 12월 베이징에서 개최된 미중 정상회담 공동성명에 '서로의 핵심이익을 존중(respecting each other's core interests)'하자는 문구가 삽입되면서부터이다.[18]

다이빙궈 국무위원은 2009년 7월, '기본제도와 국가안보 수호(维护基本制度和国家安全)', '국가주권과 영토완정(国家主权和领土完整)', '경제와 사회의 지속적이고 안정적인 발전(经济社会的持续稳定发展)'

등 세 가지를 핵심이익의 구성요소로 제시한다. 2010년 12월에
는 이를 더욱 구체화하여 '공산당 영도, 사회주의 제도, 중국 특
색의 사회주의 길(共产党的领导, 社会主义制度, 中国特色社会主义道路)',
'중국의 주권안보, 영토완정, 국가통일(中国的主权安全, 领土完整, 国
家统一)', '경제사회의 지속적 발전을 위한 기본 보장(中国经济社会
可持续发展的基本保障)' 등 세 가지로 재분류한다([표 2-4] 참조).[19]

　핵심이익 개념은 중국 주요 지도자들이 일관성 없이 사용하다
가 2011년 9월 6일 중국 정부가 처음으로 공식적으로 규정한다.
중국 국무원 신문판공실(新闻办公室)은 『중국의 화평발전』 백서
를 통해 국가핵심이익을 '국가주권', '국가안보', '영토완정', '국

표 2-4 **『중국의 화평발전』 백서 발간 이전 중국 고위층의 핵심이익 관련 주요 발언**

날짜	중국 지도자	내용
2003년 1, 2월	탕자쉬안(唐家璇) 외교부장	- 타이완
2006년 4월	쩡칭훙(曾庆红) 국가부주석	- 티베트
2006년 11월	후진타오(胡锦涛) 국가주석	- 인권 - 타이완 - 티베트
2009년 7월	다이빙궈(戴秉国) 국무위원	- 기본제도와 국가안보 수호 - 국가주권과 영토완정 - 경제와 사회의 지속적이고 안정적인 발전
2010년 12월	다이빙궈(戴秉国) 국무위원	- 공산당 영도, 사회주의 제도, 중국 특색의 사회주의 길 - 중국의 주권안보, 영토완정, 국가통일 - 경제사회의 지속적 발전을 위한 기본 보장
2011년 8월	시진핑(习近平) 국가부주석	- 발전이익 - 타이완 - 신장

• 자료: 저자 작성.

가통일', '중국 헌법이 확립한 국가정치제도와 사회의 전반적 안정', 그리고 '경제사회의 지속가능한 발전을 위한 기본 보장' 등 여섯 가지로 공포한다.[20] 이는 중국 정부가 국가핵심이익('핵심이익'이 아님)을 처음으로 명문화한 것으로 동시에 자국의 화평발전과 밀접한 연관이 있음을 공식화한 것이다.

중국의 국가핵심이익 개념은 시진핑 집권 시기에 들어 다시 한번 재규정된다. 시진핑 국가주석 등의 발언을 살펴보면, 기존의 여섯 가지 국가핵심이익을 '국가주권, 안보, 발전이익(国家主权, 安全, 发展利益)' 등 세 가지로 축약하였음을 확인할 수 있다. 공식화에 이어 '간략화'가 진행된 것이다. 하지만, 이와 관련하여 한 가지 명확히 할 부분은 국가핵심이익을 이상의 세 가지로 규정한 것이 2013년부터가 아니라는 사실이다. 대표적인 예로, 2008년 3월 3일 자칭린(贾庆林) 전국인민정치협상회의 주석은 제11차 전국위원회 1차 회의 석상에서 타이완과 티베트 등을 국가핵심이익 관련 문제로 규정하면서 '국가주권, 안보, 발전이익'을 수호해야 함을 주장하였다.[21] 또한, 2010년 3월 7일 제11기 전국인민대표대회 3차 회의 기자회견에서 양제츠(杨洁篪) 중국 외교부 부장은 이상 세 가지를 '본국의 핵심이익과 존엄(本国的核心利益和尊严)'이라고 하였다.[22]

2-2 공식화 시점, 2011년『중국의 화평발전』백서

중국의 국가핵심이익은 2011년『중국의 화평발전』백서에서 공식화된 이후, 시진핑 집권 시기에 들어 더욱 개념화된다. 내포된 속성을 기준으로 세 가지 항목을 2011년에 명문화된 여섯 개 항목과 비교해 보면 [표 2-5]와 같이 구분할 수 있다. 구체적으로 '영토완정', '국가통일', '중국 헌법이 확립한 국가정치제도와 사회의 전반적 안정'은 '국가주권'이 발현된 세부 분야로 볼 수 있다. '경제사회의 지속가능한 발전을 위한 기본보장'은 '국가발전이익'에 대한 구체적인 설명으로 해석할 수 있다.

다른 한편, '국가주권', '국가안보', '국가발전이익' 등 세 가지 항목은 국가핵심이익 전체를 구성하는 유기적 결합 요소이다. 항목 간 상관관계에 대해, 중국 푸단대학(复旦大学) 션딩리(沈丁立) 교수는 2013년 2월 1일자 인민일보 평론에서 경제발전(발전이익)은 국가주권과 안보의 기초이며, 견고한 국가주권과 국가안보는

표 2-5 **국가핵심이익과 세부 분야**

국가핵심이익	세부 분야
국가주권	영토완정
	국가통일
	중국 헌법이 확립한 국가정치제도와 사회의 전반적 안정
국가안보	-
국가발전이익	경제사회의 지속가능한 발전을 위한 기본보장

● 자료: 저자 작성.

경제발전의 선결 조건이라고 하였다. 유기적 관계에 대해서는 국가핵심이익의 각 부분이 '상호지탱하고, 불가분한, 융합된 일체(互为支持, 不可分割, 融为一体)'로 어느 특정 국가핵심이익 분야에 치우침 없이 추구되어야 함을 강조하였다.[23]

3

외연 확대, 후진타오 집권 2기부터

3-1 장쩌민 집권 후, '국가' 중심 이익관 등장

2000년 1월 1일부터 2022년 12월 31일까지의 인민일보 전문을 분석한 결과를 살펴보면, '핵심이익' 개념은 후진타오 집권 2기부터 사용되기 시작한다. '중국의 핵심이익'이라고 할 수 있는 '국가핵심이익'은 시진핑 집권 시기부터 본격적으로 강조된다. 시진핑 집권 시기에 들어 자국의 핵심이익을 규정하고, 내용과 적용 범주도 수정 및 확대하고 있는 것이다.

중국은 1990년대를 기점으로 '국가이익' 개념을 본격적으로 국내·외 전략과 정책 수립에 적용하기 시작한다. 1949년 신중국 건립 이래 국가이익 개념을 사용하지 않은 것은 아니지만, 대부분 상대국 국가이익을 지칭할 때 거론되었다. 베이징대학교 장칭민(张清敏) 교수와 본 저자의 관련 연구를 살펴보면, 중국의 이익 추구 대상이 마오쩌둥 시대의 '무산계급'에서 덩샤오핑 시기

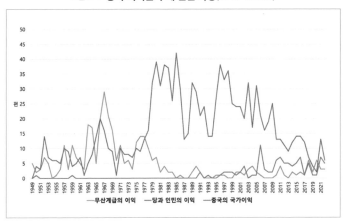

그림 2-1 **중국 이익관 주체 변천 과정(1949~2022년)**

—무산계급의 이익 —당과 인민의 이익 —중국의 국가이익

● 자료: 인민일보 분석 결과를 바탕으로 저자 작성.

의 '당과 인민'을 거쳐 장쩌민 집권 이후 '국가'로 점차 변화된다. 중국 대외행위의 사상적 근원이 과거 마르크스주의와 전통사상에서 보편적 국제관계 행위 법칙으로 전환되었다고 할 수 있다.[24]

1949~2022년 기간 인민일보 전문을 분석한 결과, '무산계급의 이익', '당과 인민의 이익', '중국의 국가이익'이 각각 355편, 1,200편, 98편으로 당과 인민이 핵심 주체임을 알 수 있다. 하지만, [그림 2-1]에서 알 수 있듯이, '무산계급의 이익', '당과 인민의 이익' 거론 빈도수가 덩샤오핑과 장쩌민 집권 이후 급감한 것에 반해 '중국의 국가이익'은 점차 증가한다. 마오쩌둥 집권 (1949~1976년) 기간 연평균 8.9편에서 거론되던 '무산계급의 이익'은 덩샤오핑 시기 연평균 2.9편으로 급감한다.[25] 이에 반해, '당과 인민의 이익'은 마오쩌둥 시기 연평균 7.7편에서 덩샤오핑 시기 26.6편으로 3.5배 증가하였음을 알 수 있다. 다른 한편,

'중국의 국가이익'은 마오쩌둥, 덩샤오핑, 장쩌민, 후진타오 그리고 시진핑 집권 시기 각각 2편, 4편, 13편, 38편, 41편에서 거론된다. 빈도수 자체는 다른 두 개념보다 적지만 증가하는 추세를 보인다.

3-2 후진타오 집권 2기, 핵심이익 강조

중국은 2000년대 들어 '국가이익' 개념을 더욱 세분화하여 '핵심이익'까지 규정한다. 후진타오 집권 2기부터는 핵심이익이 국가이익보다 더 많이 거론된다. 후진타오 집권 1기 핵심이익 개념이 도입되고, 2기 때부터 본격적으로 강조되기 시작한 것이다. 시진핑 집권 시기에 들어서도 이런 추세가 유지됨은 물론 집권 2기에서는 더욱 중시되는 경향을 보인다.

국가이익과 핵심이익을 키워드로 2000년 1월 1일부터 2022년 12월 31일까지 인민일보 전문을 분석한 결과, 국가이익과 핵심이익은 각각 2,375편과 2,486편에서 거론된다. 2008년까지 국가이익은 거론 건수가 676편으로, 133편에서 거론된 핵심이익에 비해 압도적으로 많았다($\chi^2 = 364.461$, df = 1, p < 0.001). 하지만, 후진타오 집권 2기 2년 차인 2009년부터 국가이익이 1,699편, 핵심이익이 2,353편으로 핵심이익 거론 건수가 더 많아진다($\chi^2 = 105.557$, df = 1, p < 0.001). 2015년 한해를 제외하고 모든 연도에서 핵심이익 거론 빈도수가 더 높았다([그림 2-2] 참조).

집권 시기를 기준으로 봤을 때도 비슷한 경향을 보인다. 후진타오 집권 10년 동안 국가이익(1,045편)이 핵심이익(856편)보다 더욱 많이 거론되었던 것에($\chi^2 = 18.791$, df = 1, p<0.001) 반해, 시진핑 집권 10년 동안은 핵심이익(1,628편)이 국가이익(1,105편)보다 더욱 높은 빈도수를 보인다($\chi^2 = 100.084$, df = 1, p<0.001). 구체적으로 살펴보면, 후진타오 집권 1기에는 국가이익이 383편으로 86편에서만 거론된 핵심이익에 비해 매우 높은 빈도수를 보인다($\chi^2 = 188.079$, df = 1, p<0.001). 이에 반해, 후진타오 집권 2기부터 핵심이익(770편)이 국가이익(662편)보다 더 많이 거론되기 시작한다($\chi^2 = 8.145$, df = 1, p<0.01). 이런 추세는 시진핑 집권 시기에 들어 더욱 선명해진다. 시진핑 1기 핵심이익은 총 750편에서 거론되어 621편에서만 거론된 국가이익과 더 큰 차이를 보인다($\chi^2 = 12.138$, df = 1, p<00.01). 집권 2기에 들어서는 핵심이익(878편)이 국가이익(484편)

그림 2-2 **국가이익, 핵심이익 거론 빈도(2000~2022년)**

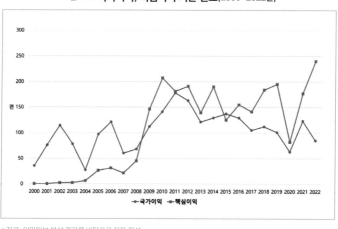

• 자료: 인민일보 분석 결과를 바탕으로 저자 작성.

보다 약 1.8배 더 거론이 되는 등 핵심이익이 국가이익 체재 내에서 중요한 개념으로 자리 잡았음을 알 수 있다.

3-3 시진핑 집권 이후, 핵심이익 규정 본격화

후진타오 집권 2기부터 중국이 핵심이익 개념을 중시하기 시작하였다면, 시진핑 집권 시기에 들어서는 본격적으로 자국의 핵심이익을 규정하고 있다고 할 수 있다. 국가핵심이익을 키워드로 상기 기간의 인민일보 전문을 분석해 보면, 2004년 이 개념이처음으로 검색된 이래 전반적으로 증가 추세를 보인다. 2007년까지 연평균 2.3편에서만 거론되다가, 2008년 11편으로 늘어나고 2014년에는 28편까지 증가한다. 하지만, 2018년 20편에서 거

그림 2-3 **국가핵심이익 거론 빈도**

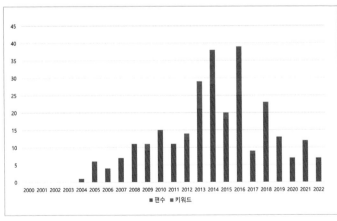

* 자료: 인민일보 분석 결과를 바탕으로 저자 작성.

론된 이후 빈도수가 다시금 2013년 이전 수준으로 감소한 것은 주목할 부분이다([그림 2-3] 참조).

집권 시기를 기준으로 살펴보면, 시진핑 집권 시기 빈도수는 후진타오 집권 시기와 큰 차이를 보인다. 시진핑 집권 시기 거론 빈도수는 전체 평균 11.8편보다 4.1편 많은 수치이다. 후진타오 집권 시기 연평균 7.6편이었던 것에 비해 시진핑 집권 시기 연평 균 15.9편에서 거론된다. 후진타오 집권 1기 연평균 3.6편에서만 검색되다가 2기 들어 11.6편으로 증가하였고, 시진핑 집권 1기 에 들어서는 연평균 20편에서 거론된다. 핵심이익 거론 추세와 비슷하게 후진타오 2기 때부터 증가하기 시작하여 시진핑 집권 시기에 들어 약 두 배 정도 증가한 수치이다. 다만, 시진핑 집권 2 기 연평균 11.8편으로 빈도수가 1기 대비 반으로 줄어든 점은 추 가적인 분석이 필요한 부분이다.

그림 2-4 **집권 시기별 국가핵심이익 관련 문제 외연 확대 추세**

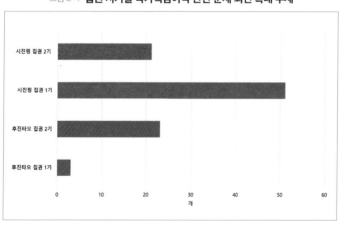

* 자료: 인민일보 분석 결과를 바탕으로 저자 작성.

표 2-6 **후진타오 집권 1기 국가핵심이익 관련 문제 외연 확대 현황**

집권 시기	연도(개수)	추가	기존 문제
			추가된 문제
후진타오 1기	2004년(1)	-	- 타이완
	2005년(1)	-	- 타이완
	2006년(2)	1	- 타이완
			- 역사
	2007년(2)	1	- 타이완
			- 신(新)국가군사학설

● 자료: 인민일보 분석 결과를 바탕으로 저자 작성.

표 2-7 **후진타오 집권 2기 국가핵심이익 관련 문제 외연 확대 현황**

집권 시기	연도(개수)	추가	기존 문제
			추가된 문제
후진타오 2기	2008년(4)	3	- 타이완
			- 티베트, 애국주의, 경제건설
	2009년(5)	2	- 타이완, 티베트, 애국주의
			- 마카오, 신장
	2010년(6)	3	- 타이완, 티베트, 신장
			- 댜오위다오, (국가핵심)가치관, 군축과 감축
	2011년(11)	9	- 티베트, 애국주의
			- 국가통용언어문자, 이슬람교, 광둥군구 항공병, 국방과학기술, 제2포병, 군사투명도, 토지, 지속 가능발전, 국가이미지
	2012년(7)	5	- 마카오, 댜오위다오
			- 홍콩, 3개 악 세력, 핵실험, 해양권익, 재생에너지

● 자료: 인민일보 분석 결과를 바탕으로 저자 작성.

　　국가핵심이익 관련 문제(혹은 이슈)도 시진핑 집권 시기에 들어 증가한다. 자국의 핵심이익을 본격적으로 규정하기 시작하면서, 그 내용과 적용 범주를 지속해서 수정·확대하고 있는 것이다. 국가핵심이익을 키워드로 상기 기간 인민일보 전문에 대한 내용분석 결과, 총 79개 문제와 이슈가 국가핵심이익과 관련되어 있는 것으로 나타난다. 앞선 핵심이익, 국가핵심이익 거론 추세와 비슷하게 국가핵심이익 관련 문제(집권 시기별 중복 포함)도 시진핑 집권 시기에 들어 급증하였음을 확인할 수 있다([그림 2-4] 참조).

후진타오 1기 3개와 불과하던 관련 문제는 2기 때 23개로 증

표 2-8 **시진핑 집권 1기 국가핵심이익 관련 문제 외연 확대 현황**

집권 시기	연도(개수)	추가	기존 문제
			추가된 문제
시진핑 1기	2013년(10)	6	- 타이완, 티베트, 댜오위다오, 해양권익
			- 남중국해, 이데올로기, 무장 역량, 인터넷 유언비어, 중대형 국유기업 핵심 상업기밀, 중국발전이익관
	2014년(20)	14	- 타이완, 티베트, 신장, 남중국해, 댜오위다오, 해양권익
			- 동북항일연합군정신, 영토주권분쟁, 주체교육, 전국인민대표대회제도, 평안건설, 파룬궁, 국방과 군대건설, (강국)강군, 한반도 긴장국면, 미중 충돌과 대결, 안보문제, 빅데이터, 인터넷 안보와 질서, 정보 강역
	2015년(15)	6	- 타이완, 티베트, 홍콩, 신장, 마카오, 이데올로기, 국방과 군대건설, (강국)강군, (국가핵심)가치관
			- 전략적 전파, 국가안보법, 테러리즘, 과학기술, 핵심기술, 인민복지
	2016년(20)	12	- 타이완, 티베트, 홍콩, 신장, 남중국해, 마카오, 국가안보법, 해양권익
			- 동중국해, 당내정치생활과 당내감독, 변경권익, 지역안정, 사드배치, 전쟁과 평화, 군대 현대화, 군사, 국가기타 중대이익안보, 개방발전전략, 인류 공동이익, 글로벌 거버넌스 시스템 변혁
	2017년(15)	5	- 타이완, 티베트, 홍콩, 신장, 마카오, 국가안보법, 국방과 군대건설, 변경권익, 해양권익, 과학기술
			- 군사지도 혁신, 연해방위, 해양안보, 신과학기술혁명, 국제난제

• 자료: 인민일보 분석 결과를 바탕으로 저자 작성.

가하고, 시진핑 1기 때는 51개까지 급증한다. 이는 후진타오 집권 시기 연평균 2.6개가 국가핵심이익 관련 문제였다면, 시진핑 집권 시기 들어서는 7.2개로 증가하였음을 의미한다. 시진핑 집권 2기 관련 문제가 21개로 줄어들었지만, 연평균 4.6개가 증가한 것이다. 국가핵심이익 관련 문제가 증가하기 시작하는 후진타오 2기와 시진핑 1기만을 비교해도 각각 연평균 4.6개와 10.2개로 차이를 보인다[표 2-6]와 [표 2-7] 참조).

시진핑 집권 시기에 들어 국가핵심이익 관련 문제가 증가하는 것은 매년 새롭게 추가되는 문제 개수에서도 확인할 수 있다. 후진타오 집권 시기 24개 문제가 새롭게 추가된 것에 반해, 시진핑

표 2-9 **시진핑 집권 2기 국가핵심이익 관련 문제 외연 확대 현황**

집권 시기	연도(개수)	추가	기존 문제
			추가된 문제
시진핑 2기	2018년(6)	1	- 타이완, 티베트, 마카오, 신장, 홍콩
			- 미중 무역전쟁
	2019년(6)	3	- 타이완, 전국인민대표대회제도, 미중 무역전쟁
			- 중화민족의 위대한 부흥, 당의 집권 지위, 중국 특색 사회주의 제도
	2020년(5)	1	- 타이완, 신장, 홍콩, 국가안보법
			- 중국 특색 대국외교
	2021년(14)	4	- 타이완, 티베트, 신장, 홍콩, 남중국해, 전국인민대표대회제도, 당내정치생활과 당내감독, 미중 무역전쟁, 해양권익, (종합)국가안보관
			- 중인 변경 분쟁, 자유무역시범구, 시진핑 외교사상, 코로나 19
	2022년(8)	2	- 타이완, 신장, 홍콩, 티베트, 중화민족의 위대한 부흥, 코로나 19
			- 패권주의와 강권정치, 인권

• 자료: 인민일보 분석 결과를 바탕으로 저자 작성.

집권 10년 동안 추가된 문제는 54개로 약 2.3배 차이를 보인다. 특히, 시진핑 집권 1기 5년 동안 43개 추가되면서 국가핵심이익 관련 문제가 급증한다([표 2-8]과 [표 2-9] 참조).

3-4 시진핑 집권기, 국가발전이익 문제 급증

시진핑 집권 시기에 국가주권 관련 국가핵심이익 문제 비중이 상대적으로 낮아지고, 국가발전이익 관련 문제의 비중은 높아지는 경향을 보인다. 이러한 경향은 특히 시진핑 집권 1기 두드려진다.

상기 기간 인민일보 전문 내용을 분석한 결과, 시진핑 집권 시기 국가주권, 국가안보, 국가발전이익 세 가지 항목별 관련 문제 개수와 빈도수 모두 양적 증가를 보인다. 국가주권 관련 문제는 후진타오 집권 시기 총 12개(빈도수: 60회)에서 시진핑 집권 시기 31개(126회)로 약 2.6배 증가하고, 국가안보 관련 문제도 9개(9회)에서 25개(52회)로 약 2.8배 늘어난다. 국가발전이익 관련 문제는 후진타오 집권 시기 5개(5회)에서 시진핑 집권 시기 16개(40회)로 3.2배나 증가한다.

하지만 집권 시기별 비중을 살펴보면 국가주권 관련 문제 비중은 다소 줄어들고, 국가안보와 국가발전이익 특히 후자의 비중은 상대적으로 높아졌음을 알 수 있다. 우선 항목별 문제 개수 비중 변화를 살펴보면, 국가주권 관련 문제는 후진타오 집권 시기 약 46.2퍼센트에서 시진핑 집권 시기 약 43.1퍼센트로 감소한다. 이에 반해, 국가발전이익 관련 문제는 후진타오 집권 시기 19.2퍼센트에서 시진핑 집권 시기 22.2퍼센트로 증가한다. 국가주권 관련 문제 비중이 3.1퍼센트 포인트 감소한 반면, 국가발전이익 관련 문제 비중이 3.0퍼센트 포인트 증가한 것이다. 세부적으로 살펴보면, 국가주권 관련 문제 비중은 시진핑 집권 1기까지 66.7퍼센트에서 43.5퍼센트 그리고 35.3퍼센트로 점차 감소한 반면, 국가발전이익 관련 문제 비중은 0.0퍼센트에서 21.7퍼센트 그리고 27.5퍼센트까지 늘어난다. 단, 앞서 발견한 시진핑 집권 2기 추세 이탈 특징처럼 항목별 관련 문제 비중 역시 달라진다. 시진핑 집권 2기 국가안보와 국가발전이익 관련 문제 비중이 각각 28.6퍼센트와 9.5퍼센트로 줄어든 것에 반해 국가주권 관련 문제 비중은 61.9퍼센트까지 증가한다. 관련 문제는 시진핑 집권 1기 대비 5개 줄어들었지만, 비중은 오히려 26.6퍼센

표 2-10 **국가핵심이익 집권 시기별 문제 빈도수와 비중 현황**(단위: %)

국가핵심이익	집권 시기별 문제 및 빈도수(중복 포함)				합계	
	후진타오 1기	후진타오 2기	시진핑 1기	시진핑 2기	
국가주권	2개(66.7)	10개(43.5)	18개(35.3)	13개(61.9)	43개(43.9)
	16회(94.1)	44회(77.2)	69회(52.3)	57회(66.3)	186회(63.7)
국가안보	1개(33.3)	8개(34.8)	19개(37.3)	6개(28.6)	34개(34.7)
	1회(5.9)	8회(14.0)	43회(32.6)	9회(10.5)	61회(20.9)
국가발전이익	-	5개(21.7)	14개(27.5)	2개(9.5)	21개(21.4)
	-	5회(8.8)	20회(15.2)	20회(23.3)	45회(15.4)
합계	3개(17회)	23개(57회)	51개(132회)	21개(86회)	98개(292회)

• 자료: 인민일보 분석 결과를 바탕으로 저자 작성.

트 포인트 증가한 것이다([표 2-10] 참조).

빈도수도 국가주권 관련 문제는 후진타오 집권 시기 81.1퍼센트에서 시진핑 집권 시기 57.8퍼센트로 감소하지만, 국가안보와 국가발전이익은 각각 12.2퍼센트에서 23.9퍼센트, 6.8퍼센트에서 18.3퍼센트로 증가한다. 눈여겨볼 부분은 국가발전이익 관련 문제의 빈도수는 시진핑 집권 2기까지 꾸준히 증가하였다는 점이다. 관련 문제와 비중이 시진핑 집권 2기 들어 감소하지만, 빈도수 비중은 상대적으로 늘어난 것이다. 다른 한편, 국가주권 관련 문제의 빈도수 역시 시진핑 집권 2기 66.3퍼센트로 1기 대비 14.0퍼센트 포인트 증가한다.

3-5 시진핑 집권 1기, 국가핵심이익 발언 증가

중국 정치에서 실질적인 최고 권력을 행사하는 중국공산당 중앙정치국 상무위원회 위원(中国共产党中央政治局常务委员会委员)들의 국가핵심이익 관련 직·간접 발언도 증가한다.[26] 주목할 부분은 시진핑 집권 시기에 들어 한편으로는 시진핑의 관련 발언 빈도수가 높아지고, 다른 한편으론 국가핵심이익 구성요소 구분이 그의 '규정'대로 국가주권, 안보 그리고 발전이익으로 수렴되었다는 점이다.

상기 기간 인민일보 전문 내용을 분석한 결과, 집권 시기별로 3~5명의 상무위원이 국가핵심이익 관련 발언을 직·간접적으로 한 것으로 나타난다. 관련 발언 빈도수 변화를 살펴보면, 후진타오 1기 때 총 10회에 불과했던 상무위원의 관련 발언은 시진핑 1기에 들어 총 68회 검색된다. 약 7배 증가한 것이다. 더 중요한 변화는 후진타오 2기 5명의 상무위원 중 시진핑 당시 국가부주석을 제외하고 평균 6.5회 빈도로 검색된 것에 반해 시진핑 1기 5년 동안 시진핑 1인의 발언이 전체의 약 82.0퍼센트를 차지하였다는 점이다. 2019년부터는 100.0퍼센트 모두 시진핑의 발언을 직·간접적으로 인용하였다는 점은 주목할 부분이다. 이와 함께 두드러진 한 가지 특징은 자칭린과 위정성(俞正声) 등 중국인민정치협상회의(中国人民政治协商会议, 이하 정협) 주석의 국가핵심이익 관련 발언의 빈도수가 상대적으로 높았다는 점이다. 이는 정협의 주요 기능이 정치협상, 민주감독, 참정의정 등인 것과 밀접한 연관이 있는 것으로 판단된다.

3장

집권 시기별 국가주권 문제

중국의 국가주권과 관련한 국가핵심이익 문제는 총 27개이다. 이중, 타이완, 티베트, 홍콩, 신장, 마카오 이슈는 후진타오 집권 2기부터 매 집권 시기 높은 빈도수로 거론되는 '핵심'적인 국가주권 문제이다. 타이완 이슈는 후진타오 집권 1기부터 거론된 유일한 문제로, 다른 지역의 문제 해결의 바로미터가 되는 역할을 한다.

미국 하원의장 낸시 펠로시(Nancy Pelosi) 일행이 타이완을 방문했을 때, 중화민국 총통부에서 타이완 차이잉원(蔡英文, 오른쪽에서 네 번째) 총통과 촬영한 기념사진.
사진: 중화민국 총통부 홈페이지(2022년 8월 3일)

2000년 1월 1일부터 2022년 12월 31일까지의 인민일보 전문을 국가핵심이익을 키워드로 분석한 결과, 총 79개 국가핵심이익 관련 문제 중 27개가 국가주권과 관련된 것으로 나타났다. 이는 전체 문제 중 34.2퍼센트로 국가안보 다음으로 높은 비중을 차지한다. 하지만, 집권 시기별 전체 평균 비중을 살펴보면 43.9퍼센트로 가장 높음을 알 수 있다. 심지어 빈도수 같은 경우는 63.7퍼센트까지 차지하는 것으로 나타난다.

27개 국가주권 관련 문제 중 빈도수 기준 5회 이상 거론된 문제는 총 7개로 25.9퍼센트를 차지한다. 10회 이상 거론된 것은 5개로 '타이완', '티베트', '홍콩', '신장', '마카오' 관련 문제가 해당된다. 2개 이상 집권 시기에서 거론된 문제는 총 10개로 '타이완', '티베트', '홍콩', '신장', '마카오', '댜오위다오', '남중국해', '전국인민대표대회제도', '국가핵심가치관(가치관)', '당내정치 생활과 당내 감독'이 있다. 특히 '타이완' 문제는 총 59회 거론되었을 뿐 아니라 모든 집권 시기에서 거론된 유일한 국가주권 관련 문제이다.

1

후진타오 집권 1기
타이완 문제, 핵심이익이자 근본이익

후진타오 집권 1기 국가주권 국가핵심이익에 속하는 대표적인
문제는 타이완 관련 이슈이다. 이 시기 국가주권 관련 문제는 타
이완과 역사 두 가지로, 전자는 2004년 처음 거론된 이후 총 15회,
연평균 3회 꾸준히 거론된다. 타이완 문제의 연도별 핵심 이슈
와 속성을 살펴보면 다음과 같다([표 3-1] 참조).

표 3-1 **후진타오 집권 1기 '국가주권' 관련 국가핵심이익 주요 문제**

집권 시기	분야	문제	연도
후진타오 1기 (2003년~2007년)	국가주권	타이완	2004년, 2005년, 2006년, 2007년
		역사	2006년

• 자료: 인민일보 분석 결과를 바탕으로 저자 작성.

1-1 타이완 문제, 영토완정과 국가통일 이슈 강조

이 시기 중국은 타이완 독립, 특히 분열 세력의 국가(혹은 영토) 분
열 행위를 국가핵심이익을 해치는 것으로 규정하고, 이와 관련

된 타이완의 정책을 폐기하거나 중단할 것을 촉구한다. 구체적으로 살펴보면, 2004년 타이완의 유엔과 세계보건기구 재가입 시도와 유엔인권이사회의 내정간섭 문제가 불거지면서 중국의 국가핵심이익 침해 논란이 발생한다.

2005년에는 3월 14일 제10기 전국인민대표대회에서 「반분열 국가법」이 통과되면서 이 법과 국가핵심이익 간 관계가 조명된다. 이와 함께 눈여겨볼 것은 2005년 3월 4일 후진타오 국가주석이 새로운 형세 하의 양안관계 발전을 위한 네 가지 의견을 제시하였다는 점이다.[1]

2006년에는 법리적 독립을 위한 헌법 수정 문제가 불거진다. 2005년 3월 4일 후진타오 중국 국가주석은 2000년 5월 천수이벤(陈水扁) 총통의 '사불일몰유(四不一没有)'와 법리적 독립을 위한 헌법 수정을 하지 않겠다는 약속이 공염불이 아니기를 바란다고 공개적으로 밝힌다.[2] 그런데, 2006년 들어 천수이벤이 '국가통일위원회(国统会)'와 '국가통일강령(国统纲领)' 폐지를 선언하면서 '사불일몰유'을 둘러싼 논란이 발생해 버린다. 국통회와 국통강령은 중국 통일과 타이완해협 양안 관계 발전을 위해 설치한 행정조직과 최고 지도원칙(最高指导原则)으로, 이를 '폐지'한다는 것은 양안 관계의 현상을 변경하겠다는 것을 의미한다.

2007년에는 중국공산당 제17차 전국대표대회 당보고서 내용, 9월 천수이벤의 유엔 가입 신청 시도 실패 등을 포함하여 2006년에 이어 다시 한번 중일 관계 측면에서 타이완 문제와 국가핵심이익이 다루어진다. 「중일연합성명(中日联合声明)」 등 세 개 정치문건에서 약속한 대로 타이완 문제를 다루는 것이 중일 관계의 건강한 발전을 실현하는 것임을 강조한다.

중국은 타이완 문제를 국가핵심이익으로 보고 있다. 이는 중국에게 있어 '인민단결', '민족단결', '민족근원'을 포함한 국가주권 이슈이자 '국가영토주권완정'과 '국가와 영토완정' 등으로 표현되는 영토완정의 문제이다. 또한, 평화적 국가통일을 이루어야 하는 '조국통일', '국가통일', '평화통일'의 문제이기도 하다. 더 나아가 타이완과의 관계는 작게는 '양안의 공동 발전' 크게는 '중화민족의 위대한 부흥'과 연관된 국가발전이익 문제이며, '타이완해협과 아태지역 평화 안정'과 직결된 국가안보 문제이기도 하다. 영토완정과 국가통일 속성을 포함한 국가주권 관련 문제이지만 이와 동시에 국가안보와 국가발전이익의 관점에서도 보고 있는 것이다.

연도별 빈도수를 통한 핵심 속성을 살펴보면, 2004년에서

표 3-2 **후진타오 집권 1기 '타이완' 문제의 분야와 세부 속성**

문제	집권 시기		분야	세부 속성
타이완	후진타오 1기	2004년	국가주권	- 국가주권
		2005년	국가주권	- 영토완정
				- 국가통일
		2006년	국가주권	- 국가통일
		2007년	국가주권	- 정치제도와 사회 안정
				- 국가주권
				- 영토완정
				- 국가통일

• 주: 세부 속성은 빈도수 높은 속성만 기입
• 자료: 인민일보 분석 결과를 바탕으로 저자 작성.

2007년 모두 타이완을 국가주권 관련 문제로 보고 있다. [표 3-2]를 기준으로 좀 더 세부적으로 살펴보면, 2004년에는 타이완 문제를 국가주권 그 자체 문제로 인식하지만, 2005년에 들어 영토완정과 국가통일 문제로 규정한다. 국가통일 문제로 보는 인식은 2006년까지 이어지다가, 2007년에는 국가주권과 그 세부 분야 모두로 규정한다. 2005년과 2006년 들어 타이완의 독립 시도 문제가 불거지면서 포괄적 의미의 국가주권보다는 국가통일이라는 상대적으로 구체적인 시각에서 접근하였다고 판단할 수 있다.

국가이익의 관점에서 중국은 타이완을 핵심이익으로 규정하고 있는 한편 민족적 차원으로도 접근한다. 중국은 타이완 문제를 민족적 차원에서 '근본이익'으로 규정한다. 2005년 총 3회에 걸쳐 타이완 문제를 '중화민족' 혹은 '전 중국 인민의 근본이익'으로 명명하였고, 2007년 다시 한번 '전 중국 인민의 근본이익'으로 규정한다. 이외에 중국은 타이완 문제를 '중화민족의 핵심이익', 중국 각 민족과 인민의 '공동염원'으로 묘사할 뿐만 아니라 전 중국 인민의 '공동의무'로까지 제시한다.

2

후진타오 집권 2기
티베트, 마카오, 댜오위다오 문제 부각

후진타오 집권 2기에 들어 국가주권 관련 국가핵심이익 문제는 1개가 줄고 9개가 추가되어 총 10개로 늘어난다. 이 중 5회 이상 거론된 문제는 4개로 '타이완(12회)', '티베트(10회)', '마카오(7회)', '댜오위다오(5회)' 등이 해당된다([표 3-3] 참조). 높은 빈도수

표 3-3 **후진타오 집권 2기 '국가주권' 관련 국가핵심이익 주요 문제**

집권 시기	분야	문제	연도
후진타오 2기 (2008년~2012년)	국가주권	타이완	2008년, 2009년, 2010년
		티베트	2008년, 2009년, 2010년, 2011년
		마카오	2009년, 2012년
		댜오위다오	2010년, 2012년
		신장	2009년, 2010년
		홍콩	2012년
		애국주의	2008년, 2009년, 2011년
		국가핵심가치관	2010년
		국가통용언어문자	2011년
		이슬람교	2011년

● 자료: 인민일보 분석 결과를 바탕으로 저자 작성.

로 거론된 네 가지 문제의 핵심 이슈와 속성을 살펴보면 다음과
같다.

2-1 타이완 문제, 국가통일 인식 강화

후진타오 집권 2기 역시 1기 때와 마찬가지로 국가와 조국을 분
열시키고자 하는 주장과 활동을 국가핵심이익 침해로 규정한다.
집권 1기 때와 비교하여 다소 차이를 보이는 부분은 타이완의
구체적인 분열 활동이나 행위를 비판하기보다는 자국의 대(對)
타이완 정책과 원칙을 강조한다는 점이다.

중국은 2008년 1월 17일자 인민일보 '국내 중요 뉴스(国内要
闻)'를 통해 당의 제17대 보고서에서 거론한 '하나의 중국 원칙
(一个中国原则)'의 역사와 의미를 조명한다. 기사 내용에 따르면,
'두 개의 중국(两个中国)', '일중일대(一中一台)', '양국론(两国论)',
'일변일국론(一边一国论)', '탈중국화(去中国化)' 등의 논조와 수단
은 하나의 중국이라는 현재 상황을 곡해하는 것일 뿐 아니라 민
족 대의와 국가핵심이익에 대한 도전으로 규정한다. 3월 5일자
신문에서는 제11기 정협 1차 회의에서 후진타오 국가주석의 발
언을 인용, '평화통일, 일국양제(和平统一, 一国两制)' 방침과 조국
평화통일 과정의 여덟 개 주장(팔항주장, 八项主张), 그리고 2005년
3월 4일 제시한 네 가지 의견을 다시 한번 강조한다.[3]

2009년도 타이완 관련 국가핵심이익 문제 중 가장 눈에 띄는

이슈는 해외 일부 의회의 도발이다. 우방궈(吳邦國) 전국인민대표대회상무위원회(이하 전인대) 위원장은 3월 9일 제11기 전국인민대표대회 2차 회의에서 다른 국가 의회와의 대외교류를 보고하면서 일부 국가 의회의 도발을 거론한다. 일부 국가 의회의 타이완과 티베트 등을 문제 삼는 것에 적극 대응하여 국가핵심이익을 수호하고 있음을 밝힌다. 2009년 12월 3일에는 중요 뉴스에서 자칭린 정협 주석이 아시아와 남미 4개국 순방 때 각국 정부와 의회 고위층에 타이완과 티베트 문제에 관한 중국의 입장 및 국가핵심이익 수호 노력을 소개하였음을 보도한다.

2010년도 역시 전인대의 대외교류 중 국가핵심이익 수호 노력을 강조하고 있음을 알 수 있다. 다른 한편, 우웨이궈(于偉國) 샤먼시(廈門市) 당서기의 기고문이 인민일보에 실린 것은 주목할 필요가 있다. 이 글에서 그는 샤먼시가 민족의 근본이익과 국가핵심이익을 위해 최전선에서 중앙정부의 타이완 정책을 실행하고 있음을 상세히 소개한다.

후진타오 집권 2기 때도 마찬가지로 중국은 타이완을 국가주권, 국가안보 그리고 국가발전이익 모두와 연관된 문제로 규정한다. 하지만, 국가주권을 핵심으로 인식하고 있고, 연도별로 다른 세부 분야를 강조하였음을 알 수 있다.

이 시기 타이완이 국가핵심이익 관련 문제로 거론된 3년 중 가장 두드러진 특징을 보인 해는 2008년으로, 그 어느 때보다 국가통일이 강조된다. 2008년 국가핵심이익을 키워드로 타이완 문제 내용을 분석한 결과, 전체의 약 36.4퍼센트를 국가통일 관련

표 3-4 **후진타오 집권 2기 '타이완' 문제의 분야와 세부 속성**

문제	집권 시기		분야	세부 속성
타이완	후진타오 2기	2008년	국가주권	- 국가통일
		2009년	-	-
		2010년	국가주권	- 국가주권

• 주: 세부 속성은 빈도수 높은 속성만 기입
• 자료: 인민일보 분석 결과를 바탕으로 저자 작성.

문제로 규정하였음을 확인할 수 있다. 분석 범위를 국가주권으로 좁히면 약 53.3퍼센트까지 비중이 높아진다. 당시 중국은 타이완을 '국가통일', '양안 평화통일', '조국완전통일', '조국평화통일'의 대상으로 인식하고 있었던 것이다([표 3-4] 참조).

후진타오 집권 2기에도 타이완을 국가핵심이익이자 '민족의 근본이익'으로 설명한다. 2008년 총 3회에 걸쳐 타이완 문제를 '중화민족' 혹은 '양국과 양국 인민의 근본이익'으로 규정하였고, 2009년과 2010년에 다시 한번 '민족의 근본이익'으로 명명한다.

2-2 티베트 문제, 달라이 라마의 분열 행위 규탄

후진타오 집권 2기 티베트는 타이완 다음으로 많이 거론된 국가핵심이익 관련 문제로, 2008년부터 매년 이슈가 된다. 티베트 문제와 관련하여 중국이 가장 민감해 하는 이슈는 달라이 라마의 외국 방문과 방문 국가 지도층과의 회담이다. 중국은 이를 자국의 국가핵심이익을 해치는 행위로 간주한다.

연도별 구체적 이슈를 살펴보면, 2008년 중국은 전인대와 정협의 관련 방침 선전과 달라이 라마의 분열 활동을 저지하는 대외업무를 강조한다. 이와 함께, 프랑스 대통령의 달라이 라마 회견을 문제 삼는다. 당시 니콜라 사르코지 프랑스 대통령은 베이징 올림픽 개막식 보이콧과 8월 달라이 라마 회견 사건에도 불구하고 제11차 중-EU 정상회담을 2주 앞두고 12월 폴란드 그란스크(Gdansk)에서 거행되는 노벨 평화상 수상자 모임에서 달라이 라마와 회견하겠다는 의사를 내비친다. 이 일로 양국 관계가 급속히 악화된다.

2009년도 역시 전인대와 정협의 활동, 특히 자칭린 정협 주석의 아시아와 남미 4개국 순방 성과가 조명된다. 4월 2일에는 외교부 대변인 기자회견에서 중국은 세계 어떤 국가도 티베트 독립과 티베트 망명정부를 인정하는 것을 용납하지 않을 것이며, 이는 국제법과 국제관계 준칙 그리고 다른 국가가 중국의 국가핵심이익과 중대관심(重大关切)을 준수하는가의 원칙적 문제임

표 3-5 **후진타오 집권 2기 '티베트' 문제의 분야와 세부 속성**

문제	집권 시기		분야	세부 속성
티베트	후진타오 2기	2008년	국가주권	- 정치제도와 사회 안정
		2009년	국가주권	- 국가주권 - 영토완정
		2010년	국가주권	- 영토완정
		2011년	국가주권	- 국가주권

● 주: 세부 속성은 빈도수 높은 속성만 기입
● 자료: 인민일보 분석 결과를 바탕으로 저자 작성.

을 명확히 밝힌다.

2010년과 2011년에는 2008년도에 이어 다시 한번 외국 지도 층의 달라이 라마 회견이 문제가 된다. 당시 논란을 일으킨 대상은 버락 오마바(Barack Obama) 미국 대통령이다.

후진타오 집권 2기 때 중국은 티베트를 국가주권 관련 국가핵심이익 문제로 인식한다. 타이완 문제와 비교했을 때, 국가안보와 국가발전이익과의 연관성 역시 인지하고 있지만, 상대적으로 국가주권과 더욱 밀접히 관련된 문제로 규정한다.

연도별 핵심 속성을 살펴보면, 2008년 중국 헌법이 확립한 국가정치제도와 사회의 전반적 안정 관점에서 티베트 문제가 논의된다. 2009년에는 국가주권과 영토완정이 동시에 강조되었음을 알 수 있다. 2010년에는 '고유영토', '영토주권' 등 영토완정이 다시금 강조된다. 마지막으로 2011년에는 '내정'과 '민족 존엄' 방면에서 국가주권과 관련된 이슈로 부각되었음을 알 수 있다([표 3-5] 참조).

다른 한편, 중국은 티베트를 국가핵심이익이자 '중대 관심' 및 '중대 문제'로 인식한다. 그뿐만 아니라 공동이익의 시각에서도 접근한다. 중국은 자국의 국가핵심이익을 존중하지 않는 것을 양국 간의 공동이익을 해치는 행위로 간주한다. 또한, 이런 행위를 '중국 인민의 감정'을 해치는 것으로도 규정한다.

2-3 마카오 문제, 일국양제 실천이 핵심

후진타오 집권 2기 마카오 관련 국가핵심이익 문제는 2009년과 2012년 두 해에 걸쳐 총 7회 거론된다. 「중화인민공화국 마카오 특별행정구 기본법」(이하 「마카오특별행정구 기본법」) 실시 10주년을 기념하여 기본법을 철저히 실시하고, '일국양제(한 나라 두 체제)'를 실천할 것을 강조한다.

연도별 핵심 이슈를 살펴보면, 2009년 12월 4일 「마카오특별행정구 기본법」 실시 10주년 좌담회에서 우방궈 상무위원은 마카오 동포들의 '애국주의' 정신을 거론하며, 마카오 동포들이 중앙정부의 마카오에 관한 주권 행사 회복, 마카오가 조국의 일부라는 사실, 마카오 사무는 중국의 내정이라는 점을 인정하고 지지할 뿐 아니라 스스로 국가의 핵심이익과 중앙의 권위를 보호하고 있음을 강조한다. 또한, 2009년 통과된 「국가안보수호법(维护国家安全法)」으로 마카오 사회의 국가 관념이 더욱 강화되었고, 국가의 핵심이익을 더욱 강력히 보호할 수 있게 되었다는 점을 강력히 설파한다.

2012년에는 마카오 회귀(回归) 13년을 회고하며 '일국양제' 방침이 시대 조류와 역사 추세에 순응하는 것이며 민족근본이익과 국가핵심이익임을 재차 강조한다.

후진타오 집권 2기 중국은 마카오 문제를 국가주권 관련 국가핵심이익으로 인식한다. 타이완과 티베트 문제와 비교하였을 때

표 3-6 **후진타오 집권 2기 '마카오' 문제의 분야와 세부 속성**

문제	집권 시기		분야	세부 속성
마카오	후진타오 2기	2009년	국가주권	- 국가주권
		2012년	국가주권	- 국가통일

• 주: 세부 속성은 빈도수 높은 속성만 기입
• 자료: 인민일보 분석 결과를 바탕으로 저자 작성.

눈에 띄는 부분은 '사회제도', '주권 행사와 내정', '단결', '사회
공감대' 등의 관점에서 접근하였다는 점이다. 2009년에는 국가
발전이익, 2012년에는 국가통일 이슈와의 관련성이 상당한 비
중으로 다루어졌음을 발견할 수 있다([표 3-6] 참조).

중국은 마카오 문제도 민족적 차원에서 접근한다. 마카오 문
제를 국가핵심이익과 동시에 민족의 '근본이익'으로 규정하며,
'중앙의 권익'을 강조하고 이러한 인식과 처리가 '정확한 방침'
임을 설파한다.

2-4 댜오위다오 문제, 중일 간 갈등 이슈로 등장

2010년을 기점으로 댜오위다오 문제는 중일 갈등의 핵심 이슈
로 등장한다. 중국 정부는 댜오위다오를 둘러싼 일련의 사건을
자국의 주권을 침해하는 국가핵심이익 관련 문제로 규정하고
일본과 첨예한 대립 양상을 보인다.

연도별 핵심 이슈를 살펴보면, 2010년 9월 7일 일본 해상방위
청 순시선 2척과 중국어선이 충돌하는 사건이 발생한다. 댜오위

다오 주변 일본 영해에서 불법조업 혐의가 있는 중국어선을 일본 해상보안청이 출입 검사를 하려고 하자, 중국어선이 도주하며 다른 순시선인 '미주기호'의 선체를 들이박는다. 일본 해상보안청은 이를 의도적인 행위로 간주하고 공무집행방해 혐의로 중국어선과 선장을 포함한 15명을 체포하고, 일본 국내법에 근거하여 기소한다. 2010년 9월 24일 일본 오키나와현 나하 지방검찰청이 중국인 선장 석방 결정을 내리면서(14명 선원은 같은 달 13일 석방) 갈등을 일으킨 주요 사건은 일단락되지만 이를 계기로 댜오위다오를 둘러싼 중일 간 갈등은 표면화되고 더욱 첨예해진다.[4] 이 과정에서 중국은 댜오위다오 문제를 국가핵심이익으로 규정하고, 인민일보는 평론을 통해 "주권, 통일 및 영토완정 문제에서 중국은 절대 양보와 타협하지 않을 것"임을 밝힌다.

중일 간 댜오위다오를 둘러싼 분쟁은 2012년 일본 정부의 센카쿠 열도 국유화 선언으로 다시 한번 가열된다. 2012년 4월 17일 이시하라 신타로(石原慎太郎) 도쿄 도지사는 센카쿠 열도를 매입하겠다고 선언한다. 같은 달 28일에는 센카쿠 열도 매입을 위한 기부금 모금 운동도 개시한다. 이때까지만 해도 일본 지방정부의 단독 행동으로 볼 수 있는 측면이 강하였다. 하지만 같은 해 7월 7일 일본 정부가 센카쿠 열도를 국유화하겠다고 결정하며 문제의 성질은 바뀌게 된다.[5]

2014년 11월 APEC 중일 정상회담에서 양국 관계 개선을 위한 4개 원칙에 합의하는 등 양국은 지속해서 갈등 국면을 진정시켜 나가지만 댜오위다오 분쟁은 여전히 미해결 상태로 남아있다.

심지어 무력 충돌 직전까지 가는 초긴장 상황이 발생하는 등 문제의 심각성은 더해지고 장기화되고 있다.

한 가지 주목할 부분은 댜오위댜오 문제와 관련하여 중국이 일본뿐만 아니라 미국도 함께 비판하였다는 점이다. 2012년 8월 21일자 평론을 통해 중국은 일본육상자위대의 미 해병대 '섬 탈환 작전(夺岛作战)' 훈련 참가와 일본의 댜오위댜오 문제를 '미일안보조약(The U.S.-Japan Security Treaty)'에 적용시키려는 의도라고 비판한다.[6] 2012년 12월 3일 평론에서는 미국 참의원의 2013년 「국방수권법안(National Defense Authorization Act)」에서 댜오위댜오가 '미일안보조약' 적용 대상으로 규정한 것은 중국의 국가핵심이익을 침해하는 결정이라고 강력히 비판한다. 댜오위댜오 문제가 단순히 중일 간 영토분쟁을 넘어 '해양권익' 등의 문제와 연관되어 미국 동맹국과 중국 간 지역 패권 경쟁 이슈로까지 번진 것이다.

후진타오 집권 2기 중국은 댜오위댜오를 국가주권 중에서도 영토완정 문제로 인식한다(〔표 3-7〕 참조). 영토분쟁인 만큼 영토완정의 측면에서 접근하는 것이다. 한 가지 주목할 부분은 2012년 이 문제를 국가안보 측면에서 접근하려는 시각이 증가하였다는

표 3-7 **후진타오 집권 2기 '댜오위댜오' 문제의 분야와 세부 속성**

문제	집권 시기		분야	세부 속성
댜오위댜오	후진타오 2기	2010년	국가주권	- 영토완정
		2012년	국가주권	- 영토완정

● 주: 세부 속성은 빈도수 높은 속성만 기입
● 자료: 인민일보 분석 결과를 바탕으로 저자 작성.

점이다. 미일 연합 군사훈련뿐만 아니라 미일안보조약이 핵심 이슈가 되면서 '지역평화안정'을 저해하는, 즉 중국의 국가안보를 침해하는 행위로 인식하게 된 것이다.

3
시진핑 집권 1기
남중국해 문제 이슈화

시진핑 집권 1기 국가주권 관련 문제는 기존 10개에서 3개가 빠지고 11개가 추가되어 총 18개까지 늘어난다. 후진타오 집권 2기 때와 비교해 보면, '타이완', '티베트', '신장', '홍콩', '마카오', '댜오위다오', '가치관' 등 7개 문제는 시진핑 집권 1기에도 지속해서 거론된다. 새로 추가된 문제로는 '남중국해', '이데올로기', '동북항일연합군정신', '영토주권분쟁', '주체교육', '전국인민대표대회제도', '평안건설', '파룬궁', '전략적 전파', '동중국해', '당내정치생활과 당내감독' 등이다. 이중 5회 이상 거론된 문제는 총 5개로 '타이완(14회)', '티베트(10회)', '신장(8회)', '홍콩(7회)', '남중국해(6회)' 등이 포함된다[표 3-8] 참조]. 높은 빈도수의 다섯 가지 문제를 구체적으로 살펴보면 다음과 같다.

표 3-8 **시진핑 집권 1기 '국가주권' 관련 국가핵심이익 주요 문제**

집권 시기	분야	문제	연도
시진핑 1기 (2013년~2017년)	국가주권	타이완	2013년, 2014년, 2015년, 2016년, 2017년
		티베트	2013년, 2014년, 2015년, 2016년, 2017년
		신장	2014년, 2015년, 2016년, 2017년
		홍콩	2015년, 2016년, 2017년
		남중국해	2013년, 2014년, 2016년
		마카오	2015년, 2016년, 2017년
		댜오위다오	2013년, 2014년
		이데올로기	2013년, 2015년
		동북항일연합군정신	2014년
		영토주권분쟁	2014년
		주체교육	2014년
		전국인민대표대회제도	2014년
		평안건설	2014년
		파룬공	2014년
		가치관	2015년
		전략적 전파	2015년
		동중국해	2016년
		당내정치생활과 당내감독	2016년

● 자료: 인민일보 분석 결과를 바탕으로 저자 작성.

3-1 타이완 문제, 중종회 역할 강조

타이완은 시진핑 집권 1기 때도 빈도수가 가장 높은 국가주권 관련 문제로 매년 2회 이상 거론된다. 특히, 2016년 타이완 문제가 6회나 거론될 정도로 상대적으로 크게 부각된다. 또한, 타이완 문제와 관련하여 국가핵심이익은 중국의 '레드라인(红线)'이자 '마지노선'임을 명확히 밝힌다.

연도별 중국의 입장과 구체적인 이슈를 살펴보면 다음과 같다. 2013년 중국은 중앙의 타이완공작 국정방침(对台工作大政方针)이 국가핵심이익과 민족의 근본이익을 구현한다는 점을 『타이완동포에게 고하는 글(告台湾同胞书)』 발표 35년간의 실천이 증명하였음을 강조한다. 중국은 이 방침을 18대에서도 견지할 것이며, 중화민족의 위대한 부흥 과정에서 조국통일의 대업을 반드시 이룰 것임을 천명한다.

2014년에는 국가핵심이익을 결연히 수호하는 것은 중국 외교의 신성한 사명으로, 국제적으로 타이완의 독립 등 분열 세력의 파괴 활동을 억제하고 국제 폭력적 테러활동의 국내 침투를 막아야 함을 강조한다. 이런 차원에서 위정성은 중국종교계평화위원회(中宗和, 이하 중종회)의 적극적인 역할을 높이 평가한다.

2015년 주목할 부분은 군중 조직의 역할을 주문한 사실이다. 민족단결 차원에서 민족분열 반대와 조국통일수호운동을 전개해야 하며, 타이완 동포와의 왕래와 교류를 강화하여 국가현대화건설과 조국평화통일을 추진해야 함을 설파한다.

2016년에는 '일국양제' 정책의 견지와 함께 타이완 독립을 주장하는 분열 세력을 규탄하였고, 2017년에는 2014년도에 이어 중종회의 역할을 강조함과 동시에, 타이완 공작의 원칙과 마지노선을 다시 한번 명확히 한다. '일국양제'의 의미, 특히 '일국'

표 3-9 **시진핑 집권 1기 '타이완' 문제의 분야와 세부 속성**

문제	집권 시기		분야	세부 속성
타이완	시진핑 1기	2013년	국가주권	- 국가통일
		2014년	국가주권	- 국가주권
		2015년	국가주권	- 국가통일
		2016년	국가주권	- 국가주권
		2017년	국가주권	- 국가주권 - 국가안보

● 주: 세부 속성은 빈도수 높은 속성만 기입
● 자료: 인민일보 분석 결과를 바탕으로 저자 작성.

은 원칙이라는 점을 강조한 것이다.

중국은 시진핑 집권 1기 때도 마찬가지로 타이완을 국가주권과 국가통일 관련 문제로 규정한다. 그러나 2014년, 2016년, 2017년에는 타이완 문제를 국가안보의 차원에서 접근하려는 것을 맥락에서 읽어낼 수 있다. 이 시기 분열 문제가 부각된 영향이라고 판단된다.

시기별 속성을 살펴보면, 국가통일의 시각이 컸던 2013년과 2015년에는 타이완을 '조국통일'과 '평화통일' 혹은 '조국평화통일'의 문제로 접근하였음을 확인할 수 있다. 국가주권이 강조된 2014년과 2016년 같은 경우는 '민족 존엄'과 '국가독립'이 거론된 점이 눈에 띈다(표 3-9) 참조). 다른 한편, 후진타오 집권 시기와 달리 시진핑 집권 1기에는 타이완을 '민족의 근본이익' 차원에서 접근하지 않고 있음을 발견할 수 있다. 첫해인 2013년을 마지막으로 '민족의 근본이익' 용어가 거론되지 않는다. 이는 중국이 타이완을 국가핵심이익 관련 문제로 확실히 규정하고 국가이익 차원에서 접근하겠다는 의지가 반영된 결과라고 판단된다.

3-2 티베트 문제, 신형국제관계 건립 측면 부각

시진핑 집권 1기 때도 후진타오 집권 2기와 같이 티베트 문제는 높은 비중으로 다루어지고, 타이완 문제와 함께 매년 꾸준히 제기된다. 이 시기에도 달라이 라마 회견 문제가 다시 한번 이슈가 된다. 이와 함께 분열 세력의 파괴 활동과 신장 문제에서처럼 중국경제사회이사회(中经会, 이하 중경회)와 중종회의 역할이 조명된다. 한 가지 주목할 부분은 시진핑의 연설을 통해 신형국제관계 측면에서 티베트 문제가 국가핵심이익과 관련되어 있다는 것이 거론된 점이다.

연도별 구체적 이슈를 살펴보면 다음과 같다. 2013년 제5회 중영경제재금대화(中英经济财金对话)를 계기로 중영 관계를 평가하면서, 중국은 영국이 과거 티베트 문제에서의 잘못을 인정하고 중국의 주권과 영토완정 존중을 전제로 한 것이 양국 관계 발전의 밑바탕이 되었음을 설명한다. 이런 맥락에서 월스트리트저널(The Wall Street Journal)에 실린 영국 외교관의 말을 인용, 앞으로 새로운 영국 수상이 달라이 라마를 회견할 수 있다는 것을 마오쩌둥(毛泽东)의 시 구절인 '비부감수담하이(蚍蜉撼树谈何易, 왕개미가 큰 나무를 흔들어 움직이려는 것이 어찌 쉽다고 말할 수 있는가)'를 인용하여 우회적으로 비판한다.

2014년에는 정협, 특히 중경회와 중종회 역할과 성과 차원에서 주권안보 수호가 조명된다. 9월 16일 중종회 제4회 1차 회의에서 위정성은 중종회는 성립 20년 동안 국가핵심이익 수호를 위해 노력하였고, 본국의 종교 정책을 전 세계에 알리면서 조국 통일, 민족단결, 종교화목 수호를 위해 탁월한 업적을 쌓았다는 점을 높게 평가한다. 다른 한편, 7월 15일 중국은 시진핑 총서기의 연설을 인용하여 신형국제관계 건립 과정에서, 분열 세력의 파괴 활동을 억제하고, 국제테러활동의 국내 침투를 막아야 함을 강조한다. 국가주권 및 안보와 직결된 사안이라는 것이다.

2015년, 2016년, 그리고 2017년에도 중국은 정협의 전국위원회 회의를 통해 국가핵심이익 수호를 위한 정협의 대외활동, 특히 중경회와 중종회의 역할을 재차 강조하며 높게 평가한다. 2016년 5월 11일에는 다시 한번 2014년 7월 15일에 이어 신형국제관계 건립 차원에서 시진핑 총서기의 국가핵심이익 수호에 관한 연설을 재차 인용한다.

시진핑 집권 1기 때도 중국은 티베트를 국가주권과 밀접하게 관련된 국가핵심이익 문제로 접근한다. 2014년 '지역평화안정',

표 3-10 **시진핑 집권 1기 '티베트' 문제의 분야와 세부 속성**

문제	집권 시기		분야	세부 속성
티베트	시진핑 1기	2013년	국가주권	- 국가주권 - 영토완정
		2014년	국가주권	- 국가안보 - 국가주권
		2015년	-	-
		2016년	국가주권	- 국가주권
		2017년	-	-

• 주: 세부 속성은 빈도수 높은 속성만 기입
• 자료: 인민일보 분석 결과를 바탕으로 저자 작성.

'세계평화와 발전', '주권안보' 등 국가안보 측면을 거론하지만, 직결된 문제로는 보지 않는다. 또한 중종회의 역할을 강조한 만큼 국가주권 중에서도 '민족단결', '종교화목' 등 국가통일 측면을 강조하였음을 역시 확인할 수 있다([표 3-10] 참조).

이밖에 정협의 대외교류 맥락에서 국가핵심이익 수호 역할이 거론되면서, '중국공산당 영도의 다당합작', '정치협상제도', '사회주의 협상민주'의 중요성이 설명된다. 이러한 중국의 독특한 정치제도는 티베트 문제뿐 아니라 중국 헌법이 확립한 국가정치제도와 사회의 전반적 안정과도 관련되어 있음을 확인할 수 있다.

3-3 신장 문제, 동투르키스탄 이슈 민족과 안보적 접근

신장 문제는 시진핑 집권 1기에 들어 처음으로 높은 빈도수로 거론되기 시작한다. 후진타오 집권 2기 때도 2009년과 2010년에 총 3회 제기되었지만, 타이완, 티베트, 마카오 등의 문제보다 중요도가 떨어졌다.

이 시기 신장 문제를 전반적으로 살펴보면 티베트 문제와 비슷한 배경에서 거론된다. 특히, 중경회와 중종회의 활동이 강조된다. 다른 한편, 동투르키스탄(East Turkistan, 东突厥斯坦) 이슈도 중요하게 다루어진다.

맥락을 기준으로 살펴보면, 신장은 정협 전국위원회 회의에서 티베트 문제와 함께 정협의 대외교류 업무, 특히 중경회와 중종회의 역할 차원에서 거론된다. 그중에서도 타이완, 티베트, 신장, 파룬궁 문제에서 중종회의 자국 종교정책 전파와 '조국통일', '민족단결', '종교화목' 등을 위해 큰 역할을 하였음을 자평한다.

동투르키스탄 문제는 신형국제관계 건립에 관한 시진핑 총서기의 주요 연설을 소개하고 인용하는 과정에서 거론된다. 앞서 티베트 문제에서 살펴본 바와 같이 중국은 타이완, 티베트 독립을 위한 국제적인 운동과 동투르키스탄 분열 세력의 파괴 활동을 억제하는 동시에 국제 테러 조직의 국내 침투를 막아 국가주권과 안보를 수호하겠다는 입장이다. 이 맥락에서 주목할 점은 국가주권, 국가안보, 국가발전이익 수호를 외교공작의 기본 출발점이자 도착점으로 명명한 부분이다. 국가핵심이익이 중국 대외정책의 원칙이자 기준임을 명시한 것이다.

시진핑 집권 1기 중국은 신장을 국가주권 관련 국가핵심이익으로 인식한다. 하지만, 전반적인 신장 이슈와 동투르키스탄 이슈를 다른 시각에서 접근하고 있음을 발견할 수 있다. 연도별로 강조되는 핵심 속성에도 차이가 있다.

우선 중국은 신장 문제를 2014년에는 '조국통일', '민족단결', '종교화목' 등 국가통일 관점에서, 2016년과 2017년에는 중국 헌법이 확립한 국가정치제도와 사회의 전반적 안정 관점에서 접근한다.

이에 반해 동투르키스탄이 직접적으로 거론된 때에는 '국가주권'은 물론 '국가독립' '민족 존엄' 등의 요소 등이 강조되고,

표 3-11 **시진핑 집권 1기 '신장' 문제의 분야와 세부 속성**

문제	집권 시기		분야	세부 속성
신장	시진핑 1기	2014년	국가주권	- 국가안보
		2015년	-	-
		2016년	국가주권	- 국가주권
		2017년	국가주권	- 정치제도와 사회 안정

● 주: 세부 속성은 빈도수 높은 속성만 기입
● 자료: 인민일보 분석 결과를 바탕으로 저자 작성.

'지역평화안정' 등 국가안보 부분이 함께 고려되는 것을 분석 결과 확인할 수 있다.

종합적으로 판단하였을 때, 매년 국가주권의 맥락에서 거론이 되지만, 후진타오 2기인 2009년에는 국가통일, 2014년에는 국가안보, 2016년에는 국가주권, 2017년에는 중국 헌법이 확립한 국가정치제도와 사회의 전반적 안정 속성이 상대적으로 부각되었음을 알 수 있다([표 3-11] 참조).

3-4 홍콩 문제, 민주화 시위 폭발

시진핑 집권 1기에 들어 홍콩은 중요한 국가핵심이익 문제로 대두된다. 2012년에도 홍콩이 국가핵심이익 관련 문제라는 기사가 실렸지만 이슈화되지는 않았다. 참고로 관련 기사 내용을 살펴보면, 2012년 6월 29일에 중국은 중국인민해방군 주홍콩부대 사령관 짱스보(张仕波)와 정치위원 왕쩡보(王增钵)의 글에서 국가핵심이익의 수호는 군대 주둔의 근본가치(根本价值)라고 하였다.

10월 25일에는 더욱 원론적으로 마카오 문제와 함께 '일국양제'를 정확한 방침으로 규정하면서, 민족의 근본이익과 국가핵심이익을 수호하는 것이라고 하였다.

하지만, 2014년 9월부터 12월까지 홍콩 행정장관(행정수반) 선거안이 계기가 되어 일어난 '우산혁명(umbrella revolution)'의 영향으로 홍콩 문제는 급속히 이슈화된다. 우산혁명은 2014년 8월 31일 중국 전국인민대표대회가 친중국계로 구성된 후보 추천위원회의 과반 지지를 얻은 인사 2~3명으로 행정장관 입후보 자격을 제한한 것에 반발하여 일어난 홍콩 민주화 시위이다. 이에 대해 2015년 중국은 당의 군중 조직 공작을 개진하고 강화할 것을 명령하며, 홍콩, 마카오, 타이완 동포, 해외 교포들과의 왕래와 교류를 강화하여 국가현대화건설과 조국의 평화통일을 추진해야 한다는 의견을 제시한다. 특히, 민족단결을 위한 활동을 광범위하게 전개하고, 선전교육을 강화하며, 군중 동원을 통해 민족분열을 반대하고, 조국통일을 수호해야 함을 설파한다.

우산혁명으로 홍콩의 민주화 열망이 커진 상황에서 2016년 10월 12일 홍콩 입법회(立法会) 의원 입직(入職) 선언식에서 2명의 젊은 '본토파(本土派)' 의원이 홍콩 독립을 주장하면서 논란은 다시금 불거진다. 이에 대해 중국은 홍콩 독립 주장은 '일국양제' 방침에 대한 엄중한 도전인 동시에, 국가주권, 영토완정, 국가안보 등 국가핵심이익과 중앙권위에 대한 도전이라 규정한다. 이 사건은 중화인민공화국 성립 67주년을 맞아 '일국양제', '항인치항(港人治港)' 등 고도의 자치 방침을 견지하겠다고 천명한지

표 3-12 **시진핑 집권 1기 '홍콩' 문제의 분야와 세부 속성**

문제	집권 시기		분야	세부 속성
홍콩	시진핑 1기	2015년	국가주권	- 국가통일
		2016년	국가주권	- 정치제도와 사회 안정 - 영토완정 - 국가안보
		2017년	국가주권	- 국가주권 - 국가안보

● 주: 세부 속성은 빈도수 높은 속성만 기입
● 자료: 인민일보 분석 결과를 바탕으로 저자 작성.

얼마 되지 않아 발생한 것으로, 중국은 향후에도 '일국양제' 특히 '일국' 원칙을 견지하고, 중앙권력, 기본법 권위 등에 대한 도전에 견고히 대응하겠다는 입장을 밝힌다. 2017년에도 중국은 시진핑 국가주석의 연설에서, 일국 원칙을 견지하며 이에 반하는 행위를 국가주권안보 침해, 중앙권력과 기본법 권위에의 도전으로 규정한다.

중국은 홍콩 문제 역시 기본적으로 국가주권 관련 국가핵심 이익으로 인식한다. 하지만 2016년을 전후로 구체적인 인식에 차이를 보인다. 2015년까지만 해도 중국은 후진타오 집권 2기인 2012년 때와 마찬가지로 홍콩을 여전히 '조국통일', '국가통일', '조국평화통일' 등 국가통일 관련 문제로 인식하였다. 하지만, 2016년부터 홍콩 문제를 중국 헌법이 확립한 국가정치제도와 사회의 전반적 안정, 영토완정, 국가안보 등 다각적으로 접근하였음을 발견할 수 있다. 홍콩을 단순한 국가통일 문제가 아닌 중앙정부 권위와 법, 영토 분할, 국가안보와 직결된 이슈로 인식하였던 것이다([표 3-12] 참조).

3-5 남중국해 문제, 핵심 해양영토분쟁으로 대두

후진타오 집권 2기 댜오위다오가 해양영토 관련 주요 국가핵심이익 문제였다면, 시진핑 집권 1기 때는 남중국해 문제가 이슈화된다. 당시 남중국해를 둘러싼 동남아 국가 특히 필리핀과의 영토분쟁이 불거졌고, 중국은 이를 국가핵심이익으로 규정하고 강경한 입장과 정책을 펼친다.

2011년 중국이 베트남 국영 석유회사의 석유탐사선 케이블 절단 사건, 2012년 황옌다오/스카보러 환초(黃岩島, Skarbolough Shoal)를 사이에 두고 필리핀과 군사적으로 대치한 사건 등이 발생하면서 남중국해 지역 영토분쟁은 다시 한번 격해진다. 이런 상황에서 2013년 1월 22일 필리핀이 남중국해 분쟁을 국제해양법재판소(International Tribunal for the Law of the Sea, ITLOS)에 제기하는 사건이 발생한다. 이에 대해 중국은 미국 헤리티지재단(The Heritage Foundation)의 청빈(成斌) 연구원의 발언을 인용하여 남중국해를 둘러싸고 주변국과 쟁의가 있다는 점을 인정할 뿐만 아니라 자국의 핵심이익과 관련이 있다는 점을 밝힌다. 특히, 중국은 양보와 타협을 하지 않겠다는 원칙적 입장을 표명한다. 하지만, 중국의 핵심이익 발언이 무력을 사용하겠다는 것을 의미하지 않음을 확인할 수 있다. 중국이 필리핀의 국제해양법재판소 회부에 대한 비판과 별개로 우호적 협상과 평화적 해결을 위해 적극적으로 노력하고 있다는 점을 어필하는 내용을 문맥적으로 파악할 수 있다. 가령, 2014년 4월 1일자 인민일보를 통해 중국은 필리핀의 행위를 법률절차의 남용으로 규정하며 국가주권과 영토완정 수호의 결심과 의지가 결연함을 내비친다. 하지만 이와 동시에 중국은 영토와 해양권익 분쟁에 대해 평화적 해결을 위해 관련 국가와 함께 2002년 '남중국해 각방 행위 선언(Declaration on the Conduct of Parties in the South China Sea, DOC)'에 합의하였고, 적극적이면서도 타당하게 '남중국해 행동준칙(Code of Conduct, COC)' 제정을 추진하였음을 강조한다. 더 나아가 2011년에는 30억 위안(元, 약 5,300억 원)을 출자하여 '중국-아세안해상협력기금'을 설립하는 등 해양을 중국과 지역 국가 간 우호협력의 연결고리로 만들고자 노력하였음을 밝힌다.

물론 중국의 이러한 접근법은 군사적 투쟁을 정치 · 경제 · 외교적 투쟁과 긴밀히 연계시킨 것으로 볼 수 있다. 이는 중국이 남중국해 문제를 해양강국(海洋强國) 건설을 위한 '해양권익(海洋权益)' 수호 차원에서 접근하고 있는 점에서도 간접적으로 확인할 수 있다.

2016년 4월 10~11일 이탈리아 루카(Lucca)에서 개최된 G7 외교부 장관회의에서 남중국해 중재판정에 대한 입장 표명이 있으면서 중국 측의 반발을 일으키는 사건이 발생한다. 4월 11일 G7 외교부 장관회의에서 유엔해양법협약 체제에서 진행된 남중국해 중재판정은 평화로운 분쟁 해결의 유용한 기반이 될 것이며, 법적 구속력이 있는 남중국해 행동준칙의 조속한 완료에 기초하여 대화를 진행해야 하고, 비구속적인 남중국해 각방 행위 선언도 효율적으로 이행해야 한다는 내용이다. 이에 대응하여 중국은 국가영토주권 문제에 국가핵심이익 수호 의지가 결연함을 천명하는 동시에 미국과 일본의 관련 정책을 비판한다. 설상가상으로 2016년 7월 12일 국제상설중재재판소(Permanent Court of Arbitration, PCA)가 중국이 주장하는 '남해구단선(南海九段线)'이 법적 근거가 없다는 판결을 내리면서 갈등은 더욱 첨예해진다.

중국은 남중국해를 국가주권이자 국가안보 관련 국가핵심이익 문제로 인식한다. 남중국해 문제는 기본적으로 해양영토와 관련된 국가주권 이슈이다. 하지만, 중국과 아세안 국가 간에 심지어 미국과 일본 등 관련 국가와의 외교적·군사적 대치 때문에 국가안보 이슈로도 인식되는 것이다. 이는 단순한 해양영토 문제를 넘어 지역 패권 경쟁 및 안정과 직결된 문제이기 때문이다. 중국이 남중국해 문제를 해양강국 건설의 해양권익 제고 맥락에서 거론한 것도 이런 차원에서 이해할 수 있다. 중국이 남중국해와 관련하여 자국의 이익을 수호하는 것을 '정당권익'으로 규정한 것도 같은 맥락으로 볼 수 있다[표 3-13] 참조). 이러한 이유

표 3-13 **시진핑 집권 1기 '남중국해' 문제의 분야와 세부 속성**

문제	집권 시기		분야	세부 속성
남중국해	시진핑 1기	2013년	국가안보	- 국가안보
		2014년	국가주권 국가안보	- 국가안보
		2016년	국가주권 국가안보	- 영토완정 - 국가안보

• 주: 세부 속성은 빈도수 높은 속성만 기입
• 자료: 인민일보 분석 결과를 바탕으로 저자 작성.

로 중국은 남중국해를 '국가영토주권' 문제로 규정하는 동시에 '해상과 지역의 평화와 안정'과도 밀접하게 관련되어 있다는 점을 지적한다.

4

시진핑 집권 2기
다섯 가지 핵심 문제 규정과 코로나19 이슈 등장

시진핑 집권 2기 중국은 총 13개 문제를 국가주권 관련 국가핵심이익으로 규정한다. 이 중 5개는 새롭게 추가된 이슈로 '중화민족의 위대한 부흥', '당의 집권 지위', '중국 특색 사회주의 제도', '코로나19', '인권'이다([표 3-14] 참조). 모두 '중국 헌법이 확립한 국가정치 제도와 사회의 전반적 안정'과 관련된 이슈라는 점이 눈에 띈다. 다른 한편, 후진타오 집권 2기 때부터 '타이완', '티베트', '마카오', '신장', '홍콩' 등 5개 문제가 높은 빈도수로 거론되고 있음을 알 수 있다([표 3-15 참조]). 이 5개 문제는 장기 혹은 영구이익으로 간주할 수 있다. 국가주권 관련 국가핵심이익 문제 중에서도 핵심 문제인 것이다.

4-1 타이완 문제, 통일은 민족 부흥의 필요조건

시진핑 집권 2기에 들어서도 중국은 타이완 분열 세력의 간섭에

표 3-14 **시진핑 집권 2기 '국가주권' 관련 국가핵심이익 주요 문제**

집권 시기	분야	문제	연도
시진핑 2기 (2018년~2022년)	국가주권	타이완	2018년, 2019년, 2020년, 2021년, 2022년
		신장	2018년, 2020년, 2021년, 2022년
		홍콩	2018년, 2020년, 2021년, 2022년
		티베트	2018년, 2021년, 2022년
		전국인민대표대회제도	2019년, 2021년
		중화민족의 위대한 부흥	2019년, 2022년
		마카오	2018년
		당의 집권 지위	2019년
		중국 특색 사회주의 제도	2019년
		당내정치생활과 당내감독	2021년
		남중국해	2021년
		코로나19	2022년
		인권	2022년

• 자료: 인민일보 분석 결과를 바탕으로 저자 작성.

강경히 대응하겠다는 굳건한 의지를 지속 표명한다. 2018년 중국은 리커창(李克强) 총리의 발언을 빌려 다시 한번 기본 입장과 원칙을 밝힌다. 중화인민공화국 성립 69주년 행사에서 리커창 총리는 홍콩, 마카오 문제와 함께 '일국양제'를 지속해서 전면 관철시키겠다고 밝힌다. 또한, 타이완 공작 국정방침, 하나의 중국 원칙, '92공식(九二共识)'을 견지할 것이며, 어떠한 타이완 독립의 분열 음모와 행위를 용납하지 않겠다고 천명한다. 주목할 부분은 중국은 국제사회와 협상하여 글로벌 거버넌스 시스템과 인류운명공동체를 함께 건설하겠다는 의지도 내비쳤다는 점이다.

표 3-15 **다섯 가지 '국가주권' 관련 국가핵심이익 핵심 문제 현황**

문제	분야	집권 시기	빈도수	
타이완	국가주권	후진타오 1기	15회	
		후진타오 2기	12회	59회
		시진핑 1기	14회	
		시진핑 2기	18회	
티베트	국가주권	후진타오 2기	10회	
		시진핑 1기	10회	25회
		시진핑 2기	5회	
홍콩	국가주권	후진타오 2기	2회	
		시진핑 1기	7회	21회
		시진핑 2기	12회	
신장	국가주권	후진타오 2기	3회	
		시진핑 1기	8회	18회
		시진핑 2기	7회	
마카오	국가주권	후진타오 2기	7회	
		시진핑 1기	4회	14회
		시진핑 2기	3회	

• 자료: 인민일보 분석 결과를 바탕으로 저자 작성.

하나의 중국 원칙과 양안 통일의 중요성은 2019년 1월 2일 『타이완 동포에게 고하는 글』 발표 40주년 기념회에서 시진핑 국가주석에 의해 재차 강조된다. 특히, 중화민족의 위대한 부흥과 직결된 사안이라는 점이 부각된다. 시진핑 국가주석의 발언에 대해, 1월 3일 샤먼대학교 타이완연구원 리펑(李鵬) 원장은 "국가 강대, 민족 부흥, 양안 통일(国家强大, 民族复兴, 两岸统一)" 등 세 가지 역사적 대세를 명확히 하였다고 평가한다. 그는 국가통일은 민족 부흥의 필요조건으로 양안 동포가 한마음으로 추구해야 중국몽을 실현시킬 수 있고 민족 부흥의 영광을 함께 누릴 수 있다고 주장한다. 1월 4일 미국 홍콩 총상회 천싼좡(陳善庄)은 시진핑 국가주석의 "민족 부흥과 국가통일은 대세이고, 대의이며 민심"이라는 연설 내용에 공감하며, 타이완 문제는 중국 내정으로 어떤 외부의 간섭도 용납할 수 없다는 점을 강조한다. 1월 7일에는 인민일보 평론가의 평론을 빌려 시진핑 국가주석이 타이완 동포와 단결하여 함께 민족의 위대한 부흥과 조국의 평화 통일이라는 시대적 사명을 실현시킬수 있는 기본 원칙과 방침을 제시하였다고 평가한다.

2020년 5월 23일에는 타이완 독립 세력이 홍콩 사무에 노골적으로 관여하여 홍콩의 공공안전을 해칠 뿐 아니라 '일국양제' 원칙에 도전하면서 국가안보을 위협하고 있다는 점을 지적한다.

2021년에는 중화민족의 위대한 부흥 측면에서 홍콩, 신장, 티베트, 남중국해 등 문제와 함께 거론하며 모든 형식의 분열 활동에 완강히 대응할 것이며, 절대 타협과 양보하지 않을 것임을 밝힌다.

2022년 외부 세력의 타이완 간섭 이슈는 중국 외교의 주요 현안으로 등장한다. 8월 2~3일 미국 연방하원의회 낸시 펠로시(Nancy Pelosi) 의장이 타이완을 방문하면서 타이완 이슈가 미중 양국 간 현안으로 재차 떠오른 것이다. 낸시 펠로시 의장의 타이완 방문은 1997년 뉴트 깅그리치(Newt Gingrich) 하원의장 이후 25년 만에 타이완을 찾은 최고위급 미국 인사로 미중 양국 관계에 끼치는 영향이 작지 않다. 이에 대해 중국은 8월 19일 논평을 통해 미국의 중국 주권 침범과 내정간섭 등 도발 행위에 결연히 투쟁

할 것이며, 주권과 영토완정이 함부로 유린되고 파괴되는 것을 절대 용납하지 않는다고 밝힌다. 이에 더해, 미국의 타이완 이슈로 중국을 제어하려는 시도를 중단할 것을 촉구한다. 8월 20일 논평에서는 국제법과 국제관계 기본 원칙까지 거론하며 미국의 도발을 규탄한다.

이밖에 시진핑 집권 2기에도 티베트, 신장 문제 처리와 함께 중경회와 중종회의 역할이 재조명된다. 이와 함께, 중국평화통일촉진회(中国和平统一促进会, 중평회)의 반독립·통일 촉진 활동을 긍정적으로 평가하면서 티베트와 동투르키스탄을 포함한 각종 분열 활동을 지속 반대해 나갈 것임을 밝힌다.

시진핑 집권 2기 중국은 타이완을 국가주권 관련 국가핵심이익 문제로 인식한다([표 3-16] 참조). 타이완을 보편적 국가주권의 문제로 보고 있을 뿐만 아니라, 세부적으로 '영토완정'이자 '조국평화통일'을 위한 국가통일 문제로 규정한다. 연도별로 살펴보면, 2018년 중국은 타이완 이슈를 이전 시기와 달리 국가발전

표 3-16 **시진핑 집권 2기 '타이완' 문제의 분야와 세부 속성**

문제	집권 시기		분야	세부 속성
타이완	시진핑 2기	2018년	국가주권	- 국가발전이익
		2019년	국가주권	- 국가통일
		2020년	국가주권	- 국가안보
		2021년	국가주권	- 영토완정 - 국가주권
		2022년	국가주권	- 국가주권 - 국가통일

• 주: 세부 속성은 빈도수 높은 속성만 기입
• 자료: 인민일보 분석 결과를 바탕으로 저자 작성.

이익의 맥락에서 설명한다. 홍콩, 마카오와 함께 '공동번영발전'과 '중화민족의 위대한 부흥' 측면에서 거론된다. 이밖에 정협의 대외교류 맥락에서 국가핵심이익 수호 역할이 거론되면서, '중국공산당 영도의 다당합작', '정치협상제도', '사회주의 협상민주' 등이 강조되기도 한다.

2019년은 『타이완 동포에게 고하는 글』 발표 40주년에 맞게 그 어느 시기보다 국가통일이 강조된다. '양안통일', '조국평화통일', '평화통일', '조국통일' 등의 키워드가 반복적으로 사용되는 것을 알 수 있다.

이에 반해, 2020년 같은 경우는 홍콩 사태의 영향으로 국가안보의 관점이 강조되고, 2021년과 2022년에는 국가 분열 세력들을 거론하며 국가주권과 영토완정 요소가 동시에 부각된다. 특히, 2022년 타이완 이슈가 미중 양국 간 현안으로 등장하면서 내정간섭 이슈가 통일만큼 중요해진다. 이 밖에 중화민족의 위대한 부흥 맥락에서 타이완 이슈가 거론되는 빈도수가 해를 거듭할수록 증가한 것 또한 발견할 수 있다.

4-2 신장 문제, 위구르족 인권 이슈화

시진핑 집권 2기 신장 문제는 국가핵심이익 수호 성과를 자평하고 결연한 의지를 공표하는 차원에서 거론된다. 2018년 신장은 타이완, 티베트 문제와 함께 중경회와 중종회 등 정협 전문위원회의 역할이 조명된다. 이와 함께, 30년 동안 중평회의 반독립·통일 촉진 활동을 긍정적으로 평가하면서 타이완, 티베트, 마카오 문제와 함께 동투르키스탄 독립운동 등 분열 행위를 거론한다. 이와 관련하여 시진핑 집권 시기에 들어 분열 문제와 관련하여 동투르키스탄을 직접적으로 거론하는 것이 '일반화'되었다는 점을 확인할 수 있다.

2020년에는 2019년 하반기에 미국 상·하원의 중국 인권 관련 법안을 통과하는 이슈가 발생하면서 신장 문제가 거론된다. 2020년 5월 21일 제13기 전국인민정치협상회의 전국위원회 제3차 회의에서 왕양(汪洋) 전국인민정치협상회의 주석은 정협의 대외업무를 평가하면서 미국의 국가핵심이익 도전을 비판한다. 2019년 11월 미국 상원의 「홍콩 인권 민주주의 법안」 통과와 12월 미국 하원의 「위구르 인권 정책법안」 처리에 대해 사실에 부합하지 않는 황당무계한 주장임을 반박하는 항의 성명을 발표하였음을 밝힌다.

2021년에는 중화민족의 위대한 부흥 맥락에서 신장 문제가 거론된다. 7월 제18차 상하이협력기구 국방장관회의에서 웨이펑허(魏凤和) 국방부장은 타이완, 홍콩, 신장, 티베트, 남중국해 문제에 있어 중국은 절대 타협과 양보하지 않을 것이며, 어떠한 외부 압력에도 견딜 수 있고, 모든 위협과 도전에서 승리할 수 있는 패기, 기개 그리고 저력이 있으며, 국가핵심이익을 수호해 나갈 것임을 밝힌다. 9월 16일 인민일보에서는 중국인민해방군의 사명과 임무를 논하면서 티베트, 동투르키스탄, 홍콩 등 모든 형식의 분열 활동을 엄밀히 방비하고 단호히 대처하는 것임을 공표한다. 이와 관련하여, 중국은 최대한으로 평화통일을 추구하는 노력을 하겠지만, 이것이 무력 사용 포기를 의미하지 않는다는 것을 재차 강조한다.

2022년에는 왕이(王毅) 외교부장의 중국 특색 대국외교 연설에서 국가이익의 전면적 수호를 주요 성과로 자평한다. 타이완, 신장, 홍콩, 티베트, 코로나19, 인권 등 문제로 중국을 타격하고 먹칠하고자 하는 시도를 연이어 좌절시켰음을 성과로 제시한다.

시진핑 집권 2기도 중국은 신장을 국가주권 관련 국가핵심이익으로 규정한다. 2018년에도 이전과 마찬가지로 전반적인 신장 이슈와 동투르키스탄 이슈를 구분해서 접근한다. 신장 이슈에 대해서는 내정간섭 및 중국 헌법이 확립한 국가정치제도와 사회의 전반적 안정과 연관되어 있다는 점이 부각되고, 동투르키스탄 이슈에 대해서는 국가통일 측면이 강조된다. 주목할 부분은 2021년 중국인민해방군의 사명으로서 신장 이슈가 거론

표 3-17 **시진핑 집권 2기 '신장' 문제의 분야와 세부 속성**

문제	집권 시기		분야	세부 속성
신장	시진핑 2기	2018년	국가주권	- 정치제도와 사회 안정 - 국가통일
		2020년	국가주권	- 국가주권
		2021년	국가주권	- 국가안보 - 국가통일
		2022년	국가주권	- 국가주권

● 주: 세부 속성은 빈도수 높은 속성만 기입
● 자료: 인민일보 분석 결과를 바탕으로 저자 작성.

되었다는 점이다. 중화민족의 위대한 부흥 실현을 위해 "조국은 반드시 통일해야 하고, 틀림없이 통일할 것이다(祖国必须统一, 也必然统一)"라며 사명을 다하여 수호할 것임을 밝힌다. 2022년에는 '민족 존엄'과도 직결된 문제라는 점을 강조하기까지 한다([표 3-17] 참조).

4-3 홍콩 문제, 민주화 시위와 분열 행위 비판

시진핑 집권 2기 홍콩 문제는 국가안보와 직결된 국가주권 이슈로 등장한다. 홍콩 '독립'과 관련된 시위와 법안 통과 등 정권과 사회 안정을 위협하는 이슈가 연이어 발생하면서 내정간섭과 함께 안정 여부가 현안으로 부각된다. 연도별 주요 사건과 주장을 살펴보면 다음과 같다.

2018년 홍콩은 마카오, 타이완 문제와 함께 '일국양제'와 '항인치항(港人治港)' 등 고도의 자치 방침을 계속 관철시켜 나가겠다는 맥락에서 거론된다. 이는 중화인민공화국 성립 69주년 행사에서의 리커창 총리 발언을 통해 확인된다. 물론 그는 다른 한편으로 웨강아오다완취(粤港澳大湾区) 건설을 계기로 대륙과의 교류협력을 활발히 진행시키겠다는 공동번영발전 계획도 내비친다. 한편, 중국은 화평발전노선 맥락에서 국가핵심이익 수호를 견지하지만, 국제사회와 협상하여 글로벌 거버넌스 시스템을 개선하고 함께 인류운명공동체(人类命运共同体)를 건설해 나가겠다는 의

지도 표명한다.

하지만, 2019년 「2019년 도주범죄인 및 형사 사무 상호법률협조(수정) 조례 초안(Fugitive Offenders and Mutual Legal Assistance in Criminal Matters Legislation (Amendment) Bill 2019, 이하 송환법)」 입법화에 반대한 대규모 시위가 발생하면서 홍콩 민주화와 독립 이슈는 재차 부각된다. 2020년 인민일보에 총 여섯 번이나 국가핵심이익 관련 문제로 거론이 될 정도로 핵심 이슈가 된다. 특히, 2020년 5월 28일 제13차 전국인민대표대회의 「홍콩 특별행정구의 국가안전을 수호하는 법률제도와 집행기제 수립 및 완비에 관한 전국인민대표대회의 결정(全国人民代表大会关于建立健全香港特别行政区维护国家安全的法律制度和执行机制的决定, 홍콩 국가보안법)」 통과를 계기로 중국은 홍콩 분리 세력을 강하게 비판하며 타이완 독립 문제 등과 연계하여 절대 불가 방침을 연이어 발표한다. 5월 22일 외교부 대변인은 국가안보는 국가생존과 발전의 기본 전제이자 국가핵심이익 관련 사안임을 설명하며 홍콩 분리 세력의 폭력, 테러활동을 비판함과 동시에 외부와 타이완 분리 세력의 간섭을 규탄한다. 이에 더해 분리 세력이 홍콩 내정에 간섭하고 있고, 홍콩의 안전을 위협하고 있으며, "일국양제" 원칙의 마지노선까지 도전하고 있음을 경고한다. 5월 28일자 인민일보에서는 5월 21일 제13기 전국인민정치협상회의 전국위원회 제3차 회의에서 왕양 주석이 2019년 11월 미국 상원의 「홍콩 인권 민주주의 법안」 통과에 대해 강력히 항의한 사실을 밝힌다. 이와 함께, 5월 28일자 다른 지면에서 전국인민대표대회에서의 「홍콩 국가보안법」 심의는 일국양제 제도를 견지 및 개선하고, 국가주권, 안보, 발전이익 그리고 홍콩의 장기적 번영과 안정에 유리한 결정임을 강조한다. 5월 29일자 인민일보에서도 이 법안을 평가하며 분리 세력 비판과 함께 일국양제를 확고히 견지할 수 있는 치본지책(治本之策)이라 자평한다. 7월 2일에는 미국 상·하원이 「홍콩자치법(Hong Kong Autonomy Act, 제3798호)」을 각각 심의·통과시키자 전국정협 외사위원회가 나서 엄중히 경고한다. 미국 의회의 행위를 「홍콩 국가보안법」을 악의적으로 훼손시키는 내정간섭일뿐 아니라 국제법과 국제관계 기본 준칙을 위법하는 행위로 규정한다.

2021년에는 중국인민해방군의 사명과 업무 그리고 공산당의 역사적 사명 차원에서 홍콩의 안정과 독립 이슈를 다룬다. 특히, 8월 27일자 인민일보에서 중공중앙선전부(中共中央宣传部)의 "중국공산당의 역사적 사명과 행동가치"라는 문서를 게재하며 홍콩 이슈를 1949년 신중국 건국 이래 발생한 여러 미국의 위협과 도전 사건 중 하나로 거론한다.

2022년에는 홍콩 이슈를 타이완, 신장, 티베트, 코로나19, 인권 등 문제와 함께 중국 특색 대국외교의 주요 임무이자 업적으로 설명한다.

시진핑 집권 2기 중국은 홍콩 문제를 국가안보와 직결된 국가주권 관련 국가핵심이익으로 규정한다. 2018년 문맥적으로 마카오 이슈와 함께 '공동번영발전'이라는 국가발전이익 측면이 부각되지만, 2019년부터 연이어 발생한 법안 통과 이슈와 이에 대한 시위가 확대되면서 홍콩의 안정과 국가안보 위협이 대두

표 3-18 **시진핑 집권 2기 '홍콩' 문제의 분야와 세부 속성**

문제	집권 시기		분야	세부 속성
홍콩	시진핑 2기	2018년	국가주권	- 국가주권 - 영토완정 - 국가발전이익
		2020년	국가주권	- 국가안보
		2021년	국가주권	- 국가안보 - 국가통일
		2022년	국가주권	- 국가주권

● 주: 세부 속성은 빈도수 높은 속성만 기입
● 자료: 인민일보 분석 결과를 바탕으로 저자 작성.

된다. 홍콩, 타이완 분리 세력의 폭력 행위에 대한 비판과 함께 미국 등 타 국가의 중국 안보를 위협하는 내정간섭을 규탄하는 성명이 연이어 발표된다. 다른 한편, 홍콩 문제도 타이완, 신장, 티베트, 남중국해 등 문제와 함께 '중화민족의 위대한 부흥'을 위해 결연히 수호해야 할 국가핵심이익 대상임을 강조한다([표 3-18] 참조).

4-4 티베트 문제, 중평회와 중국인민해방군 역할 주문

시진핑 집권 2기 티베트 문제는 이슈 자체보다는 관련 기관과 역할 차원에서 거론된다. 중국 정부의 원칙과 정책을 재차 강조하는 것이다. 우선, 시진핑 집권 1기 때와 마찬가지로 타이완, 신장 문제와 함께 중경회와 중종회의 역할이 다시 한번 높게 평가된다. 이런 차원에서 중경회와 중종회는 앞으로도 중국의 입장을 지속 대외에 알리고 국가핵심이익을 수호해 나간다는 입장이다. 이와 함께, 중평회도 반독립·통일 촉진 활동 차원에서 타이완, 동투르키스탄 문제와 함께 티베트의 각종 분열 활동을 반대하는 입장을 견지해 나갈 것임을 밝힌다.

2021년 9월 16일자 인민일보에서는 중화민족의 위대한 부흥 맥락에서 중국인민해방군의 사명 중 하나로 티베트 분열 활동 저지를 거론한다. 타이완, 동투르키스탄, 홍콩 독립을 주장하는 일체의 분열 활동을 엄밀히 방비하며, 경우에 따라서는 무력 사용도 가능함을 공표한다.

2022년 11월 8일자 인민일보에서는 지난 10년 중국 특색 대국외교 성과 중 하나로 국가이익 전면적 수호를 제시한다. 타이완, 신장, 홍콩, 티베트, 코로나19, 인권 등 문제를 이용하여 중국의 국가이익을 해치고자 하는 시도를 저지하였다고 자평한다.

시진핑 집권 2기 중국은 티베트를 여전히 국가주권 관련 국가핵심이익으로 인식한다. 이전 시기와 다른 시각은 '조국평화통일'로 표현되는 국가통일 측면에서 접근하고 있다는 점이다. 또

표 3-19 **시진핑 집권 2기 '티베트' 문제의 분야와 세부 속성**

문제	집권 시기		분야	세부 속성
티베트	시진핑 2기	2018년	국가주권	- 국가통일
				- 국가발전이익
		2021년	국가주권	- 국가통일
		2022년	국가주권	- 국가주권

• 주: 세부 속성은 빈도수 높은 속성만 기입
• 자료: 인민일보 분석 결과를 바탕으로 저자 작성.

한, 티베트 문제를 '중화민족의 위대한 부흥' 및 '민족 존엄'과도 직결된 이슈로 분류한다(표 3-19) 참조).

다른 한편, 타이완 문제와 같이 '중국공산당 영도의 다당합작', '정치협상제도', '사회주의 협상민주' 등의 상관성도 파악이 가능하다. 이러한 중국의 정치제도는 티베트 문제 그 자체를 포함하여 역시나 중국 헌법이 확립한 국가정치제도와 사회의 전반적 안정과도 관련되어 있음을 알 수 있다.

4-5 마카오 문제, 고도의 자치 방침 견지

시진핑 집권 2기 중국은 중화인민공화국 성립 69주년 행사에서 리커창 총리의 발언을 빌려, 마카오 지역 통치와 관련하여 '일국양제' 원칙을 지속적이면서 전면적으로 철저히 관철시키고, 오인치오 등 고도의 자치 방침을 견지할 것임을 밝힌다. 특히, 웨강아오다완취 건설을 계기로 대륙과 홍콩, 마카오와의 교류협력을 심화하여 공동 번영 발전을 촉진할 계획임을 천명한다. 이런 맥락에서 중국은 국가핵심이익 수호를 견지하면서 국제사회와 함께 글로벌 거버넌스 시스템을 개선하고 인류운명공동체 건설을 추동할 것임을 재차 밝힌다.

다른 한편, 타이완, 티베트 그리고 동투르키스탄 문제와 함께 중평회의 반독립·통일 촉진 활동을 조명하면서 홍콩, 마카오, 타이완 동포 및 해외 화교들의 반독립·통일 촉진 운동에 협조한

표 3-20 **시진핑 집권 2기 '마카오' 문제의 분야와 세부 속성**

문제	집권 시기		분야	세부 속성
마카오	시진핑 2기	2018년	국가주권	- 국가발전이익

● 주: 세부 속성은 빈도수 높은 속성만 기입
● 자료: 인민일보 분석 결과를 바탕으로 저자 작성.

점을 높이 평가한다.

　시진핑 집권 2기 중국은 마카오를 국가주권 관련 국가핵심이익으로 규정한다. 마카오 문제를 국가주권 그중에서도 국가영토 및 국가통일 이슈로 인식한다. 하지만 세부 속성을 살펴보면, 웨강아오다완취 건설에서 알 수 있듯이 국가발전이익 측면이 부각되었음을 확인 할 수 있다. 이는 시진핑 집권 1기 마카오 문제를 국가통일과 국가안보 측면에서 접근했던 것과 비교되는 부분이다([표 3-20] 참조).

4-6 정치제도와 사회 안정 이슈, 공산당 합법성 강화

시진핑 집권 2기에 들어 기존의 '전국인민대표대회제도', '당내정치생활과 당내감독'에 더해 '중화민족의 위대한 부흥', '당의 집권 지위', '중국 특색 사회주의 제도' 등 '중국 헌법이 확립한 국가정치제도와 사회의 전반적 안정'과 관련된 이슈들이 추가된다. 이중, 전국인민대표대회제도, 당내정치생활과 당내감독, 당의 집권 지위, 중국 특색 사회주의 제도는 이 자체가 국가핵심이익이자 실현을 위한 정치적 제도 및 원칙이라면, 중화민족의 위대한 부흥은 국가핵심이익 수호를 통해 달성해야 할 궁극적 목표이다. 관련 문제를 세부적으로 살펴보면 다음과 같다.

'전국인민대표대회제도'는 위원회 역할 측면에서 국가핵심이익 문제가 거론된다. 2019년 3월 9일 제13기 전국인민대표대회 제2차 회의에서 리잔수(栗战书) 전인대 상무위원장은 이론 무장, 전인대 제도 이론 연구, 법치 사유와 방식을 통한 문제 해결 능력 향상 등을 강조한다. 이를 통해 상무위원회 수준 제고를 요구하면서 중대 정치원칙(重大政治原则)과 국가핵심이익 관련 문제에 입장을 분명히 견지할 것을 주문한다. 2021년 3월 8일 제13기 전국인민대표대회 제4차 회의에서는 전인대의 외사 업무 강화 측면에서, 국가핵심이익과 중대 문제에 능동적으로 대처함과 함께 중국의 길, 제도, 정책, 이념, 주장을 홍보할 것을 요구한다.

2021년 4월 15일, '당내정치생활과 당내감독'은 2016년 12월 26일에서 27일 열린 중공중앙정치국 민주 생활 회의(民主生活会) 석상에서 시진핑 주석이 한 중요 연설이 재차 소개되면서 거론된다. 시진핑 주석은 국가핵심이익 수호를 위해 첨예하게 맞서고, 고난 앞에 고개를 숙이지 말 것이며, 도전 앞에 위축되지 말고, 원칙을 준수하고, 어떠한 조건에도 거래하지 말 것이며, 어떠한 압력에도 중화민족의 근본이익의 결실을 손상시키지 말 것을 주문한다.

'당의 집권 지위'와 '중국 특색 사회주의 제도'는 2019년 9월 28일 쑹타오(宋涛) 중공중앙대외연락부 부장의 글에 시진핑 주석의 관련 발언이 인용되면서 확인된다. 쑹타오 부장은 글에서

당의 중앙권위 유지를 통솔하여 대외업무의 집중적이고 통일된 지도 강화를 견지하고, 국가핵심이익을 마지노선으로 국가주권, 안보, 발전이익을 수호해야 함을 언급한다. 그는 당의 대외업무는 반드시 당의 집권 지위를 공고히 하고 중국 특색 사회주의 제도 안전 수호를 근본으로 삼아야 한다는 점을 강조한다.

'중화민족의 위대한 부흥'은 그 본질이 국가 부강, 민족 진흥, 인민 행복에 있으며, 이를 위해서는 반드시 위대한 투쟁(伟大斗争)이 필요하다는 주장이다. 2022년 9월 21일자 인민일보에서는 시진핑 주석의 말을 인용하여 당의 집권 지위 위기, 국가정권 안정, 국가핵심이익 위협, 인민의 근본이익 위해는 중화민족의 위대한 부흥을 지체 혹은 가로막는 중대한 위험이자 도전으로 우환 의식과 마지노선 사고방식 견지를 주문한다.

시진핑 집권 2기 이상에서 살펴본 문제들은 중국 헌법이 확립한 국가정치제도와 사회의 전반적 안정과 직결된 국가주권 관련 국가핵심이익이다. 중국몽으로 대표되는 중화민족의 위대한

표 3-21 **시진핑 집권 2기 '정치제도와 사회 안정' 관련 문제의 분야와 세부 속성**

문제	집권 시기		분야	세부 속성
전국인민대표대회제도	시진핑 2기	2019년	국가주권	- 정치제도와 사회 안정
		2021년	국가주권	- 정치제도와 사회 안정
당내정치생활과 당내감독		2021년	국가주권	- 정치제도와 사회 안정
중화민족의 위대한 부흥		2019년	국가주권	- 정치제도와 사회 안정
		2022년	국가주권	- 정치제도와 사회 안정
당의 집권 지위		2019년	국가주권	- 정치제도와 사회 안정
중국 특색 사회주의 제도		2019년	국가주권	- 정치제도와 사회 안정

• 주: 세부 속성은 빈도수 높은 속성만 기입
• 자료: 인민일보 분석 결과를 바탕으로 저자 작성.

부흥 실현을 위해 수호되어야 할 국가정치 제도이자 공산당 합법성 관련 이슈인 것이다.

중국은 우선 중화민족의 위대한 부흥을 중화민족의 근본이익이자 인민의 근본이익으로 규정한다. 이런 차원에서 전국인민대표대회는 중대 문제이자 정치원칙으로, 당의 집권 지위는 근본이익이자 정치원칙으로 묘사한다. 당내정치생활과 당내감독 이슈 또한 중화민족의 근본이익과 관련되어 있음을 알 수 있다(표 3-21] 참조).

4-7 코로나19와 인권 문제, 중국 특색 대국외교의 임무

시진핑 집권 2기에 들어 코로나19와 인권이 처음으로 국가핵심이익 관련 문제로 규정된다. 두 문제 모두 앞서 살펴본 왕이 외교부 부장의 중국 특색 대국외교를 논하는 글에서 거론이 되었다. 눈여겨 볼 부분은 타이완, 신장, 홍콩, 티베트 등 문제와 함께 동일선상에서 언급이 되었다는 점이다. 즉, 명확한 국가핵심이익 관련 문제이자 민족 존엄과 직결된 사안이라는 것이다(표

표 3-22 **시진핑 집권 2기 '코로나19'와 '인권' 문제의 분야와 세부 속성**

문제	집권 시기		분야	세부 속성
코로나19	시진핑 2기	2022년	국가주권	- 국가주권
인권		2022년	국가주권	- 국가주권

• 주: 세부 속성은 빈도수 높은 속성만 기입
• 자료: 인민일보 분석 결과를 바탕으로 저자 작성.

3-22] 참조).

　다른 한편, 코로나19와 관련하여 해외 공민(동포)을 대상으로
실시한 활동을 자세하게 설명한 부분도 눈에 띈다. 19차례 해외
공민의 철수 활동을 전개한 것, 12308 글로벌 24시간 영사 보호
및 서비스 응급 핫라인을 개통한 것 등을 구체적으로 설명하며
해외 동포의 생명 안전과 해외 기관과 인력의 정당한 합법적 권
익을 보장하였다는 점을 '어필'한다.

4장

집권 시기별 국가안보 문제

국가안보 관련 국가핵심이익 이슈는 총 31개이다. '국방과 군대건설', '(강국)강군', '군사현대화' 등 포괄적 이슈 비중이 높지만, 핵실험과 핵무기가 가장 '핵심'적인 국가안보 관련 사안이다. 2017년 사드(THAAD Terminal High Altitude Area Defense)배치 이슈를 포함한 한반도 관련 사안이 국가핵심이익 차원에서 거론되었다는 사실은 주목할 만하다.

• 사드(THAAD): 고고도 미사일 방어체계로, 미국이 추진하고 있는 미사일 방어체계의 핵심요소 중 하나이다. 사드는 중단거리 탄도미사일로부터 군 병력과 장비, 인구밀집지역, 핵심시설 등을 방어하는 데 사용된다.

핵미사일 등 전략무기를 운영하는 중국 인민해방군 로켓군(제2포병 부대 후신)의 훈련 장면.
사진: 왕이 홈페이지(2024년 3월 14일)

2000년 1월 1일부터 2022년 12월 31일까지의 인민일보 전문을 내용분석한 결과, 총 79개 국가핵심이익 문제 중 31개가 국가안보와 관련된 것으로 분석되었다. 이는 전체 문제 중 39.2퍼센트로 가장 높은 비중이다. 단, 한 가지 명확히 짚고 넘어갈 부분은 이슈별 핵심 사안을 명확히 구분하기 위해 '(강국)강군', '국방과 군대건설', '군 현대화', '군사' 등 군사·국방과 관련된 문제를 개별 이슈로 처리하였다는 점이다. 그럼에도 불구하고, 집권 시기별 평균 비중은 약 34.7퍼센트로 국가주권 약 43.9퍼센트보다 작다. 중복을 포함한 빈도수 역시 약 20.9퍼센트로, 약 63.7퍼센트인 국가주권 관련 내용보다 현저히 적게 거론된다.

 31개 국가안보 관련 문제 중 빈도수 기준 3회 이상 거론된 것은 총 5개로 16.1퍼센트에 불과하다. 이중 '해양권익', '국가안보법(혹은 '종합국가안보관')', '중인 변경 분쟁'을 제외하고는 '국방과 군대건설', '(강국)강군' 등 포괄적 이슈이다. 집권 시기를 기준으로 살펴보아도 2개 이상 집권에서 거론된 문제는 '해양권익'과 '국가안보법(혹은 '종합국가안보관') 2개뿐이다. 다른 한편, 국가안보 관련 문제는 시진핑 1기 19개까지 급증하다가 시진핑 집권 2기 6개까지 줄어든다. 빈도수 또한 약 32.6퍼센트에서 약 10.5퍼센트까지 줄어든다. 관련 문제 개수는 국가주권보다 많지만 표면적인 지속성과 중요도는 떨어진다고 할 수 있다. 국가안보 이슈의 특성이 반영된 결과라고 추측할 수 있는 부분이다.

1
후진타오 집권 2기
핵실험과 핵무기 감축이 핵심

후진타오 집권 1기 '신(新)국가군사학설' 핵심 내용 중 하나로 국가핵심이익 수호가 언급되지만, 국가안보 관련 문제는 집권 2기 때부터 본격적으로 거론되기 시작한다. 후진타오 집권 2기 국가안보 관련 문제는 총 8개로 '3개 악 세력'과 '해양권익' 두 가지 문제를 제외하고 모두 군사(대) 분야이다([표 4-1] 참조).

표 4-1 **후진타오 집권 2기 '국가안보' 관련 국가핵심이익 주요 문제**

집권 시기	분야	문제	연도
후진타오 2기 (2018년~2012년)	국가안보	군축과 감축	2010년
		광동군구 항공병	2011년
		국방과학기술	2011년
		제2포병	2011년
		군사투명도	2011년
		3개 악 세력	2012년
		핵실험	2012년
		해양권익	2012년

• 자료: 인민일보 분석 결과를 바탕으로 저자 작성.

1-1 군축과 감축 문제, 핵무기 감축이 핵심

2010년 1월 인민일보는 국방대 탕융성(唐永胜) 교수 등의 2010년 세계 군사 현상을 전망하는 기사를 통해 군축과 감축, 특히 핵무기 문제가 국가핵심이익과 관련 있음을 내비친다. 관련 기사에서 탕융성 등은 군축과 감축은 대국관계, 더 나아가 국제전략 구도에 막대한 영향을 끼치며, 그중에서도 미국과 러시아의 핵무기 감축을 핵심으로 보았다. 그는 현재 핵보유국 대부분이 핵무기 감축과 연구를 동시에 진행하고 있다는 점을 강조한다. 그 때문에 군축과 감축 추세는 지속되겠지만, 상관 국가의 핵심이익에 영향을 끼치는 특성으로 인해 쉽지만은 않을 것이라고 전망한다.

중국은 군축과 감축, 특히 핵무기 감축을 전략 문제로 인식하고, 세계의 안보와 안정(安全与稳定)과 관련된 이슈로 규정한다 ([표 4-2] 참조).

표 4-2 **후진타오 집권 2기 '군축과 감축' 문제의 분야와 세부 속성**

문제	집권 시기		분야	세부 속성
군축과 감축	후진타오 2기	2010년	국가안보	- 국가안보

● 주: 세부 속성은 빈도수 높은 속성만 기입
● 자료: 인민일보 분석 결과를 바탕으로 저자 작성.

1-2 광동군구 항공병 문제, 영공안보 수호

중국이 광동군구 항공병을 국가핵심이익 관련 부대로 규정하고 있음을 알 수 있다.

중국은 영공안보를 국가의 핵심이익으로 인식하기에 광동군구 모 항공병 사단의 역사와 임무를 소개하는 2011년 1월 인민일보 기사에서 이 부대의 역할을 강조한다. 이 사단은 1950년 조직되어 한국전쟁에서 큰 공을 세운 부대로, 지금은 영공안보 수호를 핵심 임무로 삼고 있다고 한다([표 4-3] 참조).

표 4-3 **후진타오 집권 2기 '광동군구 항공병' 문제의 분야와 세부 속성**

문제	집권 시기		분야	세부 속성
광동군구 항공병	후진타오 2기	2011년	국가안보	- 국가안보

● 주: 세부 속성은 빈도수 높은 속성만 기입
● 자료: 인민일보 분석 결과를 바탕으로 저자 작성.

1-3 국방과학기술 문제, 핵무기 개발이 핵심

중국은 2011년 3월 인민일보에 중국인민해방군 총장비부(中国人民解放军总装备部) 명의의 핵물리학자인 주광야(朱光亚)를 추모하는 기사에서 국방과학기술 개발과 국가핵심이익 간의 상관성을 논한다. 둘의 상관관계는 주광야의 전략적 사고 능력을 높게 평가하고 국가핵심이익 관련 일과 과학기술 발전 동향, 그리고 과학

기술 인재 양성 등 중대 문제를 과학적으로 파악하고 판단하였
다는 맥락에서 거론된다.

그가 1999년 '양탄일성공훈메달(兩彈一星功勳奖章)'을 받았을
정도로 중국의 핵무기 연구와 제조에 큰 공로가 있었던 것을 고
려하였을 때, 여러 국방과학기술 중에서도 앞서 군축과 감축 문
제에서 거론된 것처럼 핵무기 개발이 국가핵심이익과 가장 밀
접한 관련이 있다고 판단할 수 있다([표 4-4] 참조).

표 4-4 **후진타오 집권 2기 '국방과학기술' 문제의 분야와 세부 속성**

문제	집권 시기		분야	세부 속성
국방과학기술	후진타오 2기	2011년	국가안보	- 국가안보

• 주: 세부 속성은 빈도수 높은 속성만 기입
• 자료: 인민일보 분석 결과를 바탕으로 저자 작성.

1-4 제2포병 문제, 국가안보와 발전 수호

중국은 전략미사일부대인 제2포병 건설을 국가핵심이익 관련
사안으로 규정한다. 2011년 6월 제2포병 사령관 징즈위안(靖志
远)과 정치위원 장하이양(张海阳)이 인민일보에 게재한 글에서 제
2포병 건설 45년 동안 '국가안보발전이익' 수호를 최우선 준칙
으로 삼았음을 밝힌다. 구체적으로, 국가안보와 발전 수호를 국
가의 핵심이익이자 국가의 전도와 명운이라 하면서, 제2포병은
자국 군사 실력의 중요한 상징이며, 국가안보발전이익 측면에서
전략성(战略性), 전국성(全局性), 대체 불가성(不可替代性)의 특징을

가진다고 하였다([표 4-5] 참조).

표 4-5 후진타오 집권 2기 '제2포병' 문제의 분야와 세부 속성

문제	집권 시기		분야	세부 속성
제2포병	후진타오 2기	2011년	국가안보	- 국가안보

● 주: 세부 속성은 빈도수 높은 속성만 기입
● 자료: 인민일보 분석 결과를 바탕으로 저자 작성.

1-5 군사투명도 문제, 군사안보 정보 비공개 정당

중국은 화평발전노선 중 군사투명도 문제와 관련하여, 이는 각
국의 국가이익과 안보의 필요성에 따라 결정할 국가안보와 직
결된 사안임을 주장한다. 중국은 이미『2010년 중국의 국방』백
서에서 전략 의도, 국방정책의 방어적 특징 등을 포함한 기본방
침과 중점 안보 사안을 밝히고, 군사력 증대에 관한 외부의 질의
에 회답하였다는 점을 강조한다. 그런 맥락에서 군사투명도 문
제는 미국과 같은 군사대국도 '선택적 투명(選擇性透明)'성을 보
이고 있다는 점을 거론하면서 그 어떤 국가도 국가핵심이익과
군사안보 정보에 관해 절대적으로 투명할 수 없음을 힘주어 설
명한다([표 4-6] 참조).

표 4-6 후진타오 집권 2기 '군사투명도' 문제의 분야와 세부 속성

문제	집권 시기		분야	세부 속성
군사투명도	후진타오 2기	2011년	국가안보	- 국가안보

● 주: 세부 속성은 빈도수 높은 속성만 기입
● 자료: 인민일보 분석 결과를 바탕으로 저자 작성.

1-6 3개 악 세력 문제, 국제적으로 국가안보 차원 접근

2012년 9월 후이량위(回良玉) 국무원 부총리와 우즈베키스탄 이슬람 카리모프(Islam A. Karimov) 대통령과의 회담에서 중국은 우즈베키스탄과 정치, 안보 그리고 상하이협력기구(上海合作组织)에서 협조를 지속해서 유지하고 강화해 나갈 것임을 밝힌다. 이 자리에서 카리모프 대통령은 중국의 국가핵심이익 수호와 '3개 악 세력(국제 테러 세력, 민족 분열 세력, 극단적 종교집단 세력)' 퇴치 노력을 강력히 지지한다는 입장을 밝힌다. 앞서 살펴본 바와 같이, 중국은 신장 등의 문제와 관련해서는 테러리즘과 분열주의 같은 이슈를 국가주권 측면에서도 다룬다. 하지만, 타국과의 협력 차원에서 테러리즘, 분열주의, 극단적 종교집단주의 문제 그 자체에 대해서는 국가안보 이슈로 접근하였음을 알 수 있다(I표 4-7) 참조).

표 4-7 후진타오 집권 2기 '3개 악 세력' 문제의 분야와 세부 속성

문제	집권 시기		분야	세부 속성
3개 악 세력	후진타오 2기	2012년	국가안보	- 국가안보

● 주: 세부 속성은 빈도수 높은 속성만 기입
● 자료: 인민일보 분석 결과를 바탕으로 저자 작성.

1-7 핵실험 문제, 중국공정원 역할

2012년 중국공정원(中国工程院) 원사인 린쥔더(林俊德)를 추모하

는 기사를 보면, 중국이 핵실험을 국가핵심이익 관련 사안으로 규정하고 있음을 알 수 있다. 2012년 9월 24일 관련 기사에서 린 쥔더는 인민해방군 입대 후 52년 동안 중국의 모든 핵실험에 참여하였고, 국방과학기술 사업에 탁월한 공헌을 하였다고 한다. 눈여겨 볼 부분은 그의 컴퓨터에 국가핵심이익 관련 기술 문건이 몇 만 건이나 있었다는 점이다. 이를 통해 핵실험이 국가핵심이익과 관련되어 있음을 판단할 수 있다.

앞서 '군축과 감축', '국방과학기술' 분석과 연계하여 살펴보면, 중국은 '핵' 관련 문제 대부분을 국가안보 관련 국가핵심이익 사안으로 규정하였음을 확인할 수 있다[표 4-8] 참조).

표 4-8 **후진타오 집권 2기 '핵실험' 문제의 분야와 세부 속성**

문제	집권 시기		분야	세부 속성
핵실험	후진타오 2기	2012년	국가안보	- 국가안보

• 주: 세부 속성은 빈도수 높은 속성만 기입
• 자료: 인민일보 분석 결과를 바탕으로 저자 작성.

1-8 해양권익 문제, 주변국 관계와 지역 안정이 전제

중국은 2012년 상하이국제문제연구원 양제미엔(杨洁勉) 원장의 18대 보고서에 관한 인민일보 기고에서 화평발전노선과 국가핵심이익 간 변증관계를 설명하면서 해양권익과의 상관성을 논한다. 양제미엔 원장의 분석에 의하면, 18대 보고서에서 중국은 화평발전노선 방침하에 국가주권, 안보, 발전이익 수호를 견지한다고 밝히고, 어떤 외부의 압력에도 굴복하지 않겠다는 점을 강조한다. 이런 차원에서 주변국 관계와 지역 안정을 함께 유지하는 동시에 해양자원 개발능력을 키우고, 해양경제를 발전시키며, 해양생태환경을 보호하는 등 국가해양권익 수호를 견지하여 해양강국을 건설하겠다는 점을 명확히 한다.

이상의 내용에서 알 수 있듯이 해양권익은 국가안보뿐만 아니라 국가발전이익과도 밀접한 연관이 있는 문제이다. 하지만, 전체적인 맥락을 고려하였을 때 다른 국가와의 갈등과 마찰이 거론되고, 주변국과의 관계와 지역 안정 수호를 큰 틀에서 강조한다는 점에서 국가안보 분야 이슈로 판단할 수 있다([표 4-9] 참조).

표 4-9 **후진타오 집권 2기 '해양권익' 문제의 분야와 세부 속성**

문제	집권 시기		분야	세부 속성
해양권익	후진타오 2기	2012년	국가안보	- 국가안보 - 국가발전이익

• 주: 세부 속성은 빈도수 높은 속성만 기입
• 자료: 인민일보 분석 결과를 바탕으로 저자 작성.

2
시진핑 집권 1기
해양권익과 국가안보법 부각

시진핑 집권 1기 국가안보 관련 문제는 총 19개로 분석되었다. 3회 이상 거론된 문제는 '해양권익(16회)', '국가안보법(혹은 종합국가안보관, 8회)', '국방과 군대건설(4회)', '(강국)강군(3회)' 그리고 '중인 변경 분쟁(3회)' 등 5개이다. 지속성 측면에서는 '해양권익', '국가안보법(혹은 종합국가안보관)', '국방과 군대건설', '(강국)강군', '변경권익(혹은 변경관리통제)' 등 5개가 2년 이상 거론된다. 이중 '해양권익('해상권익', '해양이익' 포함)'은 후진타오 집권 2기부터 시진핑 집권 2기까지 꾸준히 거론되는 문제이다. '국가안보법(혹은 종합국가안보관)' 같은 경우도 시진핑 집권 시기에 들어 높은 빈도수로 강조된다([표 4-10] 참조).

　시진핑 집권 1기 국가안보 관련 주요 국가핵심이익 문제를 '해양권익', '국가안보법', '국방·군사', '한반도' 관련 이슈를 중심으로 살펴보면 다음과 같다.

표 4-10 **시진핑 집권 1기 국가핵심이익 관련 주요 문제**

집권 시기	분야	문제	연도
시진핑 1기 (2013년~2017년)	국가안보	해양권익	2013년, 2014년, 2016년, 2017년
		국가안보법(종합국가안보관)	2015년, 2016년, 2017년
		국방과 군대건설	2014년, 2015년, 2017년
		(강국)강군	2014년, 2015년
		변경권익(변경관리통제)	2016년, 2017년
		무장 역량	2013년
		한반도 긴장국면	2014년
		미중 충돌과 대결	2014년
		안보 문제	2014년
		테러리즘	2015년
		지역 안정	2016년
		사드배치	2016년
		전쟁과 평화	2016년
		군대 현대화	2016년
		군사	2016년
		국가기타 중대안보이익	2016년
		군사지도 혁신	2017년
		연해방위	2017년
		해양안보	2017년

● 자료: 인민일보 분석 결과를 바탕으로 저자 작성.

2-1 해양권익 문제, 해양강국 건설의 마지노선

시진핑 집권 1기 해양권익은 가장 많이 거론된 국가안보 관련 국가핵심이익 문제이다. 이는 한편으론 후진타오 집권 2기 댜오위다오 등의 문제 발생에 이어 2013년 전후부터 남중국해 문제가 이슈화됨에 따라 해양 관련 이슈가 부각되기 시작하고, 다른 한편으로는 해양이 경제사회 발전에 있어 중요성이 갈수록 높아졌기 때문으로 볼 수 있다.

연도별 구체적인 이슈를 살펴보면, 2013년 해양권익 문제는 댜오위다오 이슈와 해양강국 건설의 차원에서 제기된다. 중일 양국 관계는 2012년 일본의 센카쿠 열도 국유화 선언으로 급속히 냉각된다. 이 문제는 현재진행형으로 중국은 푸단대 선딩리(沈丁立) 교수의 평론을 통해 중국 경제발전 전략에 관한 일부 국가의 오판을 지적한다. 그는 국가주권 문제인 댜오위다오 국유화 선언을 대표적인 사례로 지적하며, 중국이 경제발전에 유리한 외부환경을 조성하기 위해 자국의 핵심이익을 타협, 교역, 혹은 양보할 것이라고 판단하는 국가가 있다는 점을 주장한다. 션 교수는 이를 중국 해양권익을 침해하는 일이며, 중국의 수호 의지에 대한 엄중한 도전이자 판단 착오라며 비판한다.

해양강국 건설과 관련해서는 제8차 집체학습에서 시진핑의 발언을 인용하여, 중국은 해양 안정과 권익 수호를 병행할 것이라는 점을 천명한다. 이와 함께 비록 중국이 평화를 애호하고 화평발전노선을 견지해 나가겠지만, 정당권익을 절대 포기하지 않을 뿐만 아니라, 국가핵심이익도 희생시키지 않을 것임을 명확히 밝힌다. 더욱 구체적으로 분쟁은 협상을 통해 평화적으로 해결하고 평화안정을 수호하겠지만, 복잡한 국면에 대비하여 철저한 준비와 함께 해양권익 수호 능력을 제고시킬 것임을 제시한다. 특히, 이를 위해 종합국력을 키워야 함을 강조한다.

2014년에는 국가주권 부분에서 살펴본 댜오위다오와 남중국해 이슈 등의 맥락에서 해양권익 문제가 다루어진다. 주목할 부분은 해양권익 수호에 대한 중국의 입장을 표명한 점이다. 류젠차오(劉建超) 부장조리(部长助理)는 5월 14일자 인민일보에 '평화, 안정 그리고 협력의 아시아 건설(建设和平, 稳定与合作的亚洲)'이라는 글에서 지역안보환경을 논하면서 영토와 해양권익 분쟁에 관한 중국의 입장을 재차 강조한다. 그는 중국은 우호적인 협상을 통해 평화적 해결 방법을 견지하겠지만, 국가주권, 안보, 발전이익 수호 입장에는 변함이 없으며 국가핵심이익 희생을 대가로 하는 거래는 절대로 없을 것임을 명확히 한다. 6월 7일에는 국가해양국 리우츠구이(刘赐贵) 당서기의 글을 통해 시진핑이 제시한 '4개의 전환(四个转变)', 즉 질적·수익성 해양경제형으로 전환, 순환이용형 해양개발방식으로 전환, 혁신주도형 해양과학기술형으로 전환, 통합형 해양권익 수호형으로 전환을 거론하며, 국가해양권익 수호 안정과 권익 수호 두 가지를 동시에 추진해야 함을 재차 강조한다. 또한, 영토주권과 해양권익 분쟁 처리 과정에서 레드라인과 마지노선을 과감히 밝혀야 한다는 점도 언급한다.

2016년에도 해양권익과 관련한 중국 입장이 지속해서 거론된다. 한 가지 눈여겨 볼 점은 국방과 군대 건설 측면에서 해양권익 수호 문제를 다룬 부분이다. 2016년 7월 16일자 인민일보는 중앙군사위정치공작부(中央军委政治工作部) 명의의 글을 통해 해상권익 수호(海上维权) 투쟁 과정에서 '이유가 있고, 근거가 있으며, 절제가 있는' 투쟁을 해야 하고, 군사적 투쟁을 정치·경제·

외교적 투쟁과 긴밀히 연계해야 함을 강조한다. 마오쩌둥의 항일통일전선 3대 원칙이자 신중국 위기관리 특징을 명시하였다는 점에서 시사하는 바가 작지 않다.

2017년 중국은 해양권익 수호를 위해 더욱 과감하고 명확한 입장을 밝힌다. 국가해양국 왕굉(王宏) 당서기는 '해양강국 건설은 중국몽 실현 추진(海洋强国建设助推实现中国梦)' 제목의 글에서 해양권익과 해양안보는 국가핵심이익으로 해양강국 건설을 위해 반드시 지켜야 할 마지노선임을 명시한다. 그는 시진핑 주석의 말을 빌려, 국가주권과 안보를 제일 중시해야 하고, 종합국가안보관을 관철시켜야 하며, 변경관리통제와 해상권익 수호 행동을 철저히 조직하여, 영토주권과 해양권익을 반드시 수호해야 함을 강력히 주장한다.

해양권익 역시 국가핵심이익 수호 차원에서 국가주권, 국가안보, 그리고 국가발전이익이 동시에 강조된다. 특히, 해양권익이 해양경제개발과 해양영토를 둘러싼 분쟁 이슈까지 포함하면서 특징 분야 이슈로 단정 짓기 어려운 점이 있다. 하지만 후진타오 집권 2기 때와 마찬가지로 전체적인 맥락을 고려하였을 때, 중국은 이 문제를 여전히 국가안보 시각에서 접근하였다고 판단할 수 있다.

연도별로 강조되는 세부적인 속성을 살펴보면, 2013년과 2014년은 '평화안정', '해상의 평화안정', '지역평화안정', '주변 평화와 안정' 등 국가안보가 상대적으로 강조된다. 이에 반해 2016년과 2017년은 국가주권 문제로 묘사된다. 일반적인 국가주

표 4-11 **시진핑 1기 '해양권익' 문제의 분야 및 세부 속성**

문제	집권 시기		분야	세부 속성
해양권익 (해상권익) (해양이익)	시진핑 1기	2013년	국가안보	- 국가안보
		2014년	국가안보 국가주권	- 국가안보
		2016년	국가주권	- 국가주권
		2017년	국가주권	- 국가주권 - 영토완정 - 국가안보

● 주: 세부 속성은 빈도수 높은 속성만 기입
● 자료: 인민일보 분석 결과를 바탕으로 저자 작성.

권 외에 '국가독립', '민족 존엄', '영토주권' 등의 표현으로 해양권
익 이슈가 규정되었음을 확인할 수 있다. 하지만 다음 두 가지 내
용적인 측면을 고려하면, 오히려 역으로 해양권익 수호를 국가
안보 관련 국가핵심이익 문제로 접근하였음을 알 수 있다. 첫째,
2016년과 2017년 중국이 '국방과 군대 건설'의 시각으로 해양
권익 이슈를 전문적으로 다루었다는 점이다. 둘째, 해양권익 수
호 맥락에서 2017년 '연해방위'와 '해양안보'를 국가핵심이익
관련 문제로 거론하였다는 점을 들 수 있다(표 4-11 참조).

2-2 국가안보법 문제, 국가핵심이익 수호의 법적 보장

국가안보법은 시진핑 집권 1기 국가안보 관련 국가핵심이익 중
해양권익 다음으로 많이 거론된 문제이다. 이는 2015년 7월 1일
통과된 신국가안보법의 영향이라 할 수 있다. 중국은 제12기 전

국인민대표대회상무위원회 제15차 회의에서 정치안보, 국토안보, 군사안보, 문화안보, 과학기술안보 포함 11개 영역, 7장 84조로 구성된 국가안보법을 통과시킨다. 이 법은 '종합국가안보관'을 지향한다. 인민안보를 종지(宗旨)로, 정치안보를 근본(根本)으로, 경제안보를 기초(基础)로, 군사·문화·사회안보를 보장(保障)으로 각 영역의 국가안보를 수호하고 국가안보 시스템을 구축하는 것을 목표로 한다. 국가안보법은 법률로 그 자체가 국가핵심이익이 아니다. 하지만, 국가핵심이익 관련 내용이 포함되어 있고, 국가안보법과 국가핵심이익 간의 상관관계가 설명되어 있다. 그런 차원에서 국가안보법이 국가핵심이익과 어떻게 연결되고 연관되어 있는지 구체적으로 살펴볼 필요가 있다.

2015년 7월 2일자 인민일보는 중국정법대 마화이더(马怀德) 부총장 인터뷰에서 새로 개정된 국가안보법을 국가핵심이익과 기타 중대이익을 수호하는 국가안보 각 영역의 업무를 총괄하는 기본법률이자 광의의 국가안보법으로 평가한다. 국가안보법에 국가핵심이익 개념이 직접 거론되는 것은 아니지만, 국가핵심이익 수호를 최우선으로 두고 있음을 알 수 있다. 2015년 7월 13일자에서는 중국사회과학원 법학연구소 리중(李忠) 교수의 기고문을 통해 국가안보법은 인민의 근본이익을 보호하는 것이 입법의 목적이며, 인민복지(人民福祉)를 국가핵심이익으로 확정하였다고 밝힌다.

2016년에는 국가안보법의 조정(调整) 범위와 국가핵심이익 수호와의 관계를 더욱 명확히 한다. 구체적으로 살펴보면, 종합국가안보관을 관철시켜야 하고, 국가이익 지상주의 원칙을 반드시 견지해야 하며, 우환의식을 수립하고, 마지노선 사유를 명확히 해야 한다는 주장이다. 즉, 평화발전노선을 견지하는 동시에 절대 정당권익을 포기하지 않고, 국가핵심이익을 희생하지 않겠다는 것이다. 중국사회과학원 미국연구소 니펑(倪峰) 같은 경우는 2016년 4월 19일자 인민일보에 종합국가안보관에 따른 대외안보 공작을 논하였고, 중앙군사위원회정치공작부는 2016년 7월 16일자 기사에서 군사 문제와 관련하여 종합국가안보관을 견지해야 함을 강조한다.

이어 2017년 8월에는 국가안보법을 포함한 국가안보 영역의 기본제도 틀이 이미 형성되어 국가핵심이익과 기타중대이익 수호의 견실한 법적 보장을 제공할 수 있게 되었다고 평가한다. 이와 함께 해양권익과 안보 문제를 구체적으로 거론하면서 종합국가안보관을 관철시키고, 변경관리 통제와 해상권익 수호 행동을 조밀하게 추진하며, 영토주권과 해양권익을 결연히 수호해야 함을 강조한다.

국가안보법은 기본적으로 국가안보와 직결되어 있다. 하지만, 앞서 살펴본 바와 같이, 2015년에 개정된 국가안보법은 종합국가안보관을 지향하는 것으로 국가주권, 안보, 발전이익 모두와 관련 있다. 실제로 국가안보법 제2조는 국가안보를 "국가정권, 주권, 통일과 영토완정, 인민복지, 지속가능한 경제사회 발전 그리고 국가의 기타중대이익……"으로 정의한다.[1] 하지만, 국가핵심이익의 맥락에서 거론된 국가안보법(혹은 종합국가안보관)을 살펴

표 4-12 **시진핑 1기 '국가안보법' 문제의 분야와 세부 속성**

문제	집권 시기		분야	세부 속성
국가안보법	시진핑 1기	2015년	국가안보	- 국가안보
		2016년	국가주권	- 국가주권
		2017년	국가안보 국가주권	- 국가안보

• 주: 세부 속성은 빈도수 높은 속성만 기입
• 자료: 인민일보 분석 결과를 바탕으로 저자 작성.

보면, 2016년을 제외하고는 국가안보적 시각이 부각됨을 확인할 수 있다. 구체적으로 살펴보면, 중국정법대 마화이더 부총장은 2015년에 개정된 국가안보법은 정치안보, 주권안보, 군사안보, 경제안보, 문화안보, 사회안보 등의 영역을 포함하는 외부안보와 내부안보, 전통안보와 비전통안보, 국토안보와 국민안보, 자국안보와 공동안보를 포괄하는 종합적, 전국성, 기초적 법률이라 평한다.

중국은 국가안보법과 이와 관련된 이슈를 '정당권익', '중대이익'으로 인식한다. 국가안보법에 의한 국가핵심이익 수호는 중국의 정당권익이며, 이와 관련된 이슈 역시 중대이익이라는 것이다. 심지어, '중대핵심이익'이라는 표현까지 쓴다([표 4-12] 참조).

2-3 국방·군사 관련 문제, 국가핵심이익과 마지노선 수호의 최종역량

국방·군사 분야는 국가안보와 직결되어 있다. 후진타오 2기 때도 '군축과 감축' 등 군사 관련 국가핵심이익 이슈가 거론되었지만, 시진핑 집권 시기에 들어 '국방과 군대건설', '(강국)강군', '무장 역량', '군 현대화', '군사', '군사지도 혁신' 등 더욱 기본적이고 원론적인 문제들이 국가핵심이익 맥락에서 거론된다. 또한, 시진핑 집권 시기 국가 목표인 중국몽으로 대표되는 중화민족의 위대한 부흥의 맥락에서도 거론된다. 시진핑 집권 1기 국방·군사 관련 국가핵심이익 문제의 핵심 이슈를 구체적으로 살펴보면 다음과 같다.

우선, 2013년 중화인민공화국국무원신문판공실(中华人民共和国国务院新闻办公室)은 '중국무장역량의 다양화 운용(中国武装力量的多样化运用)'이라는 문건에서 '무장역량'의 근본 임무를 국가핵심이익 수호로 발표한다. 변경방어, 해양방어, 공중방어 안보를 보위해야 하고, 모든 국가주권, 안보, 영토완정을 위해하는 도전 행위에 언제든지 대응할 수 있고, 이를 제지해야 함을 임무로 규정한다.

2014년에는 '강군' 건설의 목표를 논하며, 어떤 때에도 국가의 정당권익 수호를 포기하지 않고, 국가핵심이익을 희생시키지 않을 것임을 밝힌다. 시진핑 중국 국가주석은 제12기 전국인대 2차 회의 해방군대표단 전체회의에서 반드시 국방과 '군 현대화'를 추진해야 하며, 강군 건설은 혁명군인의 역사적 책임이라는 점을 강조한다. '국방과 군대 건설'과 관련하여 국방대학 런텐유(任天佑) 주임은 주권안보, 영토완정, 기본제도와 핵심가치관이 국가핵심이익인 동시에 전략적 마지노선이라고 주장한다. 그는 전략적 마지노선을 방어할 수 있어야 발전을 논할 수 있으며, 국방과 군대는 국가핵심이익과 전략적 마지노선 수호의 최종역량임을 강조하였다.

2015년에는 중국인민항일전쟁 및 세계 반파시즘 전쟁 승리 70주년 기념 열병식을 계기로 '강군' 건설과 국가핵심이익 수호 의지와의 관계가 재조명된다. 국방대 리성취안(李升泉) 주임은 인민일보 평론에서 중국이 주장하는 화평발전은 국가의 정당권익을 포기하는 것이 아니며, 국가의 핵심이익과 교역을 통한 것도 아니라고 해석한다. 이런 맥락에서 강군은 화평발전을 지탱하고, 특정한 역사적 조건에서 정의로운 전쟁으로 화평발전을 보장할 수 있다고 주장한다. 비슷한 맥락에서, 군사과학원 쉬야오위안(许耀元) 정치위원도 군사이론 혁신과 관련하여 마지노선 사유 능력 배양을 주문한다. 그는 국가핵심이익 수호를 군사 문제 연구의 가장 중요한 원칙이자 전략적 마지노선으로 삼아야 한다고 주장한다.

2016년에도 국가핵심이익 수호에 있어 현대화된 군대의 필요성이 재차 강조된다. 이와 함께 앞서 국가안보법과 해상권익에서 살펴본 것처럼, 국가안보 수호에 군사적 수단의 필요성과 정치와 군사 전략 측면에서의 상관성이 논의된다.

표 4-13 **시진핑 1기 '국방·군사' 관련 일부 문제의 분야와 세부 속성**

문제	집권 시기		분야	세부 속성
국방과 군대건설	시진핑 1기	2014년	국가주권	- 정치체제와 사회안정
		2015년	-	-
		2017년	국가발전이익	- 국가발전이익
(강국)강군		2014년	-	-
		2015년	국가안보	- 국가안보

● 주: 세부 속성은 빈도수 높은 속성만 기입
● 자료: 인민일보 분석 결과를 바탕으로 저자 작성.

　2017년 국방과 군사건설과 관련하여 한 가지 눈여겨 볼 부분은 '군사지도 혁신(創新軍事指導)'이 거론된 점이다. 갈수록 강해지는 안보 도전에 대응하기 위하여 군사지도 혁신이 필요하며, 이는 국가핵심이익이 침범받지 않기 위함이라는 것이다.

　국방과 군사 관련 문제는 기본적으로 국가안보와 직결되어 있다. 하지만, 국가주권, 국가발전이익과 무관하다고 할 수 없다. 시진핑 국가주석의 국가주권과 안보를 최우선으로 종합국가안보관을 관철시켜야 한다고 말했듯, 중국은 국방과 군사 문제를 단순한 국가안보 이슈로만 인식하지 않는다. 실제로 맥락을 분석해 보면, 국방과 군대건설과 관련하여 영토완정, 기본제도, 핵심가치관 등 국가주권 관련 요소가 거론되는 것을 발견할 수 있다. 국가주권에 비해 그 비중은 떨어지지만, 국가발전이익과의 연관성도 확인 가능하다. 국가핵심이익의 세 가지 구성요소 간의 유기적 관계 특징이 반영된 것이라 할 수 있다(표 4-13) 참조).

2-4 한반도 관련 문제, 미국의 대중국 적대 정책이 원인

높은 빈도수는 아니지만, 2014년과 2016년 한반도 관련 이슈가 국가핵심이익 수호 측면에서 거론이 된다. 어떠한 맥락에서 거론되는지 살펴보면 다음과 같다.

우선 2014년은 미국의 아태지역 전략 차원에서 한반도 문제가 언급된다. 중국사회과학원 아태와 글로벌전략연구원 리원(李文) 부원장은 최근 몇 년 아태지역에서 발생한 국가영토주권 분쟁과 한반도 정세의 악화 원인을 미국의 '아시아 회귀(pivot to Asia)'로부터 시작된 아시아태평양 재평형전략(亞太再平衡战略)이라고 분석한다. 미국의 아태지역 병력 증강과 중국에 관한 부정적 언행이 지역 내 안보환경과 정세를 더욱 복잡하게 만들었다는 것이다. 한반도 관련 문제가 구체적으로 거론되지는 않았지만, 2014년은 북한이 제3차 핵실험까지 감행한 상태였기 때문에 북핵 문제와 관련 있을 가능성이 높다고 추측할 수 있다.

이에 반해, 2016년에는 사드배치 문제가 구체적으로 거론된다. 2014년 사드 한국 배치론이 불거진 이래 중국의 지속적인 반대에도 불구하고, 2016년 7월 8일 한미 양국이 사드 배치 결정을 공식 발표하자 중국이 국가핵심이익 관련 문제라는 주장을 펼친 것이다. 중국은 8월 5일 인민일보 평론에서 사드배치 문제가 국가핵심이익 중에서도 안보문제와 관련되어 있다고 주장한다. 특히, '푸른 실파를 흰 두부에 버무리다, 아주 깨끗하여 오점이

표 4-14 **시진핑 1기 '한반도' 관련 문제의 분야와 세부 속성**

문제	집권 시기		분야	세부 속성
한반도 긴장국면	시진핑 1기	2014년	국가안보	- 국가안보
사드배치		2016년	국가안보	- 국가안보

● 주: 세부 속성은 빈도수 높은 속성만 기입
● 자료: 인민일보 분석 결과를 바탕으로 저자 작성.

없다(小葱拌豆腐, 一淸二白)'라는 중국 헐후어(歇后语)를 인용하여 사
드배치, 특히 레이더 범위와 관련된 한미 양국의 주장을 비판한
다([표 4-14] 참조).

3
시진핑 집권 2기
중인(中印) 변경 분쟁 이슈화

시진핑 집권 2기 국가안보 관련 국가핵심이익 문제는 집권 1기 대비 네 가지 새로운 이슈가 추가되면서 총 6개가 된다. 시진핑 집권 1기 대비 파악이 가능한 관련 이슈가 급감했음을 알 수 있다. 이중 '국가안보법(혹은 종합국가안보법)'과 '해양권익' 등 2개 문제는 시진핑 집권 1기에 이어 계속 거론이 되지만, 빈도수는 현저히 줄어든다. 새로 추가된 문제는 '중국 특색 대국외교', '중인(中印) 변경 분쟁', '시진핑 외교사상', '패권주의와 강권정치'로 '중인 변경 분쟁'을 제외하고 모두 포괄적 이슈이다. 즉, 국가핵심이익 자체라기보다는 관련 정책이자 구성 틀이라고 할 수 있다.

다른 한편, 개별 이슈인 '중인 변경 분쟁(3회)'은 6개 문제 중 가장 많이 거론된다. 중국 특색 대국외교와 시진핑 외교사상 등이 앞서 살펴본 바와 같이 국가주권 이슈와도 관련성이 높은 것을 고려하였을 때, 중인 변경 분쟁은 이 시기 가장 중요한 국가안보 관련 구체적인 문제라고 할 수 있다.

표 4-15 **시진핑 집권 2기 '국가안보' 관련 국가핵심이익 주요 문제**

집권 시기	분야	문제	연도
시진핑 2기 (2018년~2022년)	국가안보	국가안보법 (종합국가안보법)	2020년, 2021년
		중국 특색 대국외교	2020년
		해양권익	2021년
		중인 변경 분쟁	2021년
		시진핑 외교사상	2021년
		패권주의와 강권정치	2022년

• 자료: 인민일보 분석 결과를 바탕으로 저자 작성.

3-1 국가안보법 문제, 인류운명공동체 구축 추동

시진핑 집권 2기에 들어서도 중국은 국가안보법과 국가핵심이익 간의 상관성을 지속해서 설명한다. 2020년 7월 21일 중국은 모로코의 아프리카-중국 발전 협력 협회(非洲中国合作与发展协会) 주석인 나세르 부치바(Nasser Bouchiba)의 말을 빌려, 미 의회의 「홍콩자치법」 통과를 비난한다. 그는 국가안보는 국가핵심이익으로, 홍콩 수호 국가안보법은 온전히 중국 내정으로 다른 국가는 간섭할 권한이 없다는 논리를 펼친다.

하지만, 2021년에 들어 다소 다른 논조로 종합국가안보관을 논하기 시작한다. 2021년 11월 18일 중국은 『국가안보전략(2021~2025년)』, 「군대공훈영예표찰조례(军队功勋荣誉表彰条例)」, 『국가과학기술자문위원회 2021년 자문보고(国家科技咨询委员会 2021

표 4-16 **시진핑 2기 '국가안보법' 문제의 분야와 세부 속성**

문제	집권 시기		분야	세부 속성
국가안보법	시진핑 2기	2020년	국가안보 국가주권	- 국가주권
		2021년	국가안보	- 국가안보

● 주: 세부 속성은 빈도수 높은 속성만 기입
● 자료: 인민일보 분석 결과를 바탕으로 저자 작성.

年咨询报告)」를 심의하는 중공중앙정치국 회의에서 종합국가안보 관을 견고히 수립해야 함을 강조한다. 이전 시기와 다소 다른 논 조는 국가핵심이익 수호와 관련하여 여전히 국가핵심이익과 민 족 존엄 관련 문제에 대해서는 절대 양보하지 말 것을 주문하지 만, 공동·종합·협력·지속적인 '글로벌 안보관'을 수립하여 안 보 분야 협력 강화, 글로벌 전략적 안정 유지, 세계적 도전에 공 동 대응하여 '인류운명공동체' 구축을 추동해야 한다는 점을 강 조한다. 대결보다는 '협력'에 방점을 두고 있는 것이다([표 4-16] 참조).

3-2 해양권익 문제, 중국인민해방군 사명이자 임무

시진핑 집권 2기에 들어 해양권익은 중국인민해방군의 사명과 임무 맥락에서 거론된다. 2021년 9월 16일 인민일보에서 중국 은 중국인민해방군의 사명을 국가주권, 통일, 영토완정 수호(전략 적 지원)에 두고 있다.

구체적으로 살펴보면, 중국은 많은 주변국, 긴 국경, 복잡한 해상

표 4-17 **시진핑 2기 '해양권익' 문제의 분야와 세부 속성**

문제	집권 시기		분야	세부 속성
해양권익	시진핑 2기	2021년	국가안보	- 국가안보 - 영토완정

• 주: 세부 속성은 빈도수 높은 속성만 기입
• 자료: 인민일보 분석 결과를 바탕으로 저자 작성.

안보 환경 등 조건으로 인해 조국의 완전 통일을 아직 이루지 못
하고 있고, 주변국 사이에 영토주권 및 해양권익 분쟁이 있다고
한다. 이런 연유로 이 문제들을 중화민족의 위대한 부흥을 실현
하는 과정에서 반드시 정확하게 처리하고 대응해야 할 중대 위
협이자 도전으로 규정한다. 시진핑 집권 1기부터 강조되어 온
영토 관련 국가주권를 안보의 관점에서 수호해야 한다는 논조
가 지속되고 있다고 할 수 있다(〔표 4-17〕 참조).

3-3 중인 변경 분쟁 문제, 물리적 충돌 불사

중인 변경 이슈가 2020년 5월~9월 간에 걸쳐 수차례 무력 충돌
이 발생하면서 다시금 재조명받게 된다. 1962년 전쟁 이후 중인
양국 국경 지역에서 간헐적으로 군사적 대치와 도발이 일어나
기도 하였지만 '평화적 해결 원칙'에 따라 실질적 군사 충돌로까
지 이어지지는 않았다. 하지만, 2017년 소위 '도클람 위기(Doklam
crisis)'가 발생하고, 그 과정에서 중국이 공세적인 위기관리 전략
을 채택하면서 양국 간 '벼랑 끝 위기' 상황이 발생한다.[2] 73일간

중화기와 중무장한 보병이 동원되고, 8월에는 판공호 주변에서 충돌이 일어나면서 수십 명의 부상자가 발생하기도 하지만, 9월 3일 중국 샤먼(厦门)에서 열린 브릭스(BRICS) 정상회의에서 외교적 해결에 합의하면서 일단락 된다.

해결된 것 같았던 중인 간 영토분쟁은 2020년 5월 악사이친 라다크(Aksai Chin Ladak) 판공호에서 양국 순찰 병력 간 충돌이 발생하고, 또 다른 분쟁 지역인 인도 시킴주(Sikkim)에서도 물리적 충돌이 발생하면서 다시금 불거진다. 6월 15일에는 라다크 갈완계곡에서 45년 만에 가장 큰 물리적 충돌(난투극)이 발생하고, 9월 7일에는 또다시 판공호 주변에서 충돌이 발생하면서 상황이 악화된다. 그 이후에도 2022년 중반까지 지속적인 병력 배치와 소규모 충돌이 일어나면서 1962년 중인변경자위반격전(中印边境自卫反击战) 재발 가능성에 대한 우려를 자아낸다.[3]

중인 양국 간에 영토분쟁이 있음에도 불구하고 국가핵심이익 관련 이슈로 직접적으로 거론되지 않던 중인 변경 문제가 2020년 충돌을 계기로 관련성이 있다는 사실이 밝혀진다. 단, 중인 변경 분쟁을 직접적으로 다룬 인민일보 기사에서 언급되지 않고, 충돌 과정에서 희생된 중국인민해방군인에게 훈장을 수여하는 관련 기사에서 거론이 된다는 점은 주목할 필요가 있다. 중국은 2021년 6월 30일 인민일보 보도를 통해 2020년 6월 15일 라다크 갈완계곡에서 벌어진 충돌에서 사망한 천훙쥔(陈红军)에게 '칠일훈장(七一勋章)'이 수여되고, '위국수변영웅(卫国戍边英雄)'의 명예 칭호가 부여되었음을 공시한다. 기사에서 천훙쥔은 조국의 영토주

표 4-18 **시진핑 2기 '중인 변경 분쟁' 문제의 분야와 세부 속성**

문제	집권 시기		분야	세부 속성
중인 변경 분쟁	시진핑 2기	2021년	국가안보	- 영토완정

• 주: 세부 속성은 빈도수 높은 속성만 기입
• 자료: 인민일보 분석 결과를 바탕으로 저자 작성.

권을 방위하고 국가핵심이익을 수호하기 위해 장렬하게 희생되었다고 설명한다. 2021년 7월 19일자와 10월 12일자 인민일보에서는 천홍권의 활약상을 자세히 보도한다. 눈여겨 볼 부분은 10월 25일 아들의 출생일을 한국전쟁(항미원조, 抗美援朝) 기념일과 연결시켜 설명하였다는 점이다. 한국전쟁이 신중국 건국 이래 발발한 첫 번째 전쟁이라는 점을 고려할 때 중국이 중인 변경 분쟁을 매우 심각하게 인지하였음을 알 수 있다.

중국은 중인 변경 분쟁을 영토완정과 직결된 국가안보 국가핵심이익으로 규정한다. '영토주권'을 방위 혹은 보위(捍卫)하였다는 표현에서 알 수 있다. 영토분쟁인 만큼 무력 배치와 물리적 충돌의 궁극적 목적을 안보와 함께 영토 수복에 두고 있는 것이다([표 4-18] 참조).

5장

집권 시기별 국가발전이익 문제

국가발전이익 관련 국가핵심이익 이슈는 총 21개이다. 국가발전이익은 비중이 상대적으로 제일 작지만 갈수록 중요도가 커지는 추세다. 시진핑 집권 2기 미중 간 무역전쟁이 발발하면서 관련 이슈들이 귀결되는 특징을 보인다. 중국은 미중 무역전쟁을 국가 존엄과 인민의 이익 관련 문제로 규정하고 있다. 2018년 7월 6일부터 시작된 미중 무역전쟁에서 중국은 미국의 정책을 무역보호주의이자 무역패권주의로 비판한다.

2022년 인도네시아 발리에서 개최된 G20회의에서 시진핑(習近平) 중국 국가주석과
조 바이든(Joe Biden) 미국 대통령 간 첫 대면 정상회담이 성사됐으며,
이 회담에서 시 주석은 무역과 기술전쟁을 정면으로 비판했다.
사진: 신화왕 홈페이지(2022년 11월 14일)

2000년 1월 1일부터 2022년 12월 31일까지의 인민일보 전문을 내용분석한 결과, 총 79개 국가핵심이익 관련 문제 중 21개가 국가발전이익과 연관된 것으로 나타났다. 이는 전체 문제 중 26.6퍼센트로 가장 낮은 비중을 차지한다. 빈도수 역시 약 15.4퍼센트로 가장 낮다. 하지만, 집권 시기별로 살펴보면, 중요도는 갈수록 커지는 추세이다. 시진핑 집권 1기 국가발전이익 관련 문제는 총 14개(27.5퍼센트)로 후진타오 집권 2기 5개였던데 비해 9개가 늘어난다. 시진핑 집권 2기 관련 문제가 다시금 2개로 줄어들지만, 그 빈도수는 총 20회로 약 23.3퍼센트를 차지한다. 시진핑 집권 1기보다 약 8.1퍼센트 포인트 증가한 수치이고, 집권 2기 국가안보 비중 약 10.5퍼센트보다 높다. 시진핑 집권 2기에 들어 미중 무역전쟁으로 관련 이슈들이 귀결된 이유라고 볼 수 있다.

1
후진타오 집권 2기
지속가능발전 문제 주목

후진타오 집권 2기 국가발전이익 관련 국가핵심이익 문제는 총 5개이다. 5개 문제 중 '토지', '지속가능발전', '국가이미지' 등 3개 모두 2011년에 거론이 되었고, '경제건설'과 '재생에너지'는 각각 2008년과 2012년에 관련 문제로 제기된다([표 5-1] 참조). 5개 문제 모두 한 번씩만 거론되었기 때문에 시진핑 집권 시기에 들어 재차 제기되는지 여부와 다른 관련 이슈와의 상관성이 중요하다. 이에 앞서 이 장에서는 각 이슈가 어떠한 맥락에서 거론되었는지를 우선 살펴본다.

표 5-1 **후진타오 집권 2기 '국가발전이익' 관련 국가핵심이익 주요 문제**

집권 시기	분야	문제	연도
후진타오 2기 (2008년~2012년)	국가발전이익	경제건설	2008년
		국가이미지	2011년
		지속가능발전	2011년
		토지	2011년
		재생에너지	2012년

• 자료: 인민일보 분석 결과를 바탕으로 저자 작성.

1-1 경제건설 문제, 이성적 애국주의 판별 주문

경제건설은 베이징올림픽 보이콧을 논하는 기사에서 거론된다. 2008년 3월 14일 티베트 유혈 사건으로 인해 전 세계적으로 베이징올림픽 개막식 보이콧이 일어나자, 중국 내부에 민족주의 정서가 팽배해진다. 당시 민족주의 정서가 '폭력성'을 띄자, 중국 정부는 이성적 '애국주의'를 주문하며 무엇이 국가핵심이익인지 정확히 알아야 함을 강조한다. 중국이 강대해질수록 반중세력의 공격이 거세질 것이고, 이럴 때일수록 조국에 대한 열정을 경제건설에 집중해야 한다는 주장을 펼친다([표 5-2] 참조).

표 5-2 **후진타오 2기 '경제건설' 문제의 분야와 세부 속성**

문제	집권 시기		분야	세부 속성
경제건설	후진타오 2기	2008년	국가발전이익	- 국가발전이익

• 주: 세부 속성은 빈도수 높은 속성만 기입
• 자료: 인민일보 분석 결과를 바탕으로 저자 작성.

1-2 국가이미지 문제, 문화소프트파워의 중요 부분이자 상징

2011년 3월 국가이미지(国家形象)의 역할이 국가핵심이익 수호 측면에서 갈수록 중요해지고 있다는 주장이 제기된다. 중국공산당 해남성위원회 선전부 장쭤룽(张作荣) 부부장의 주장에 따르면, 국가이미지는 문화소프트파워의 중요한 부분이자 상징으로 종합국력 경쟁에서 갈수록 중요해진다는 것이다. 많은 국가가 국가이미지 형성을 통해 양호한 발전 환경을 조성하고 국제경쟁에서 주도권을 획득하고 있다고 한다. 그는 특히 이런 과정에서 전파가 중요함을 재차 강조한다([표 5-3] 참조).

표 5-3 **후진타오 2기 '국가이미지' 문제의 분야와 세부 속성**

문제	집권 시기		분야	세부 속성
국가이미지	후진타오 2기	2011년	국가발전이익	- 국가발전이익

● 주: 세부 속성은 빈도수 높은 속성만 기입
● 자료: 인민일보 분석 결과를 바탕으로 저자 작성.

1-3 지속가능발전 문제, 국가현대화건설의 필수요건

2011년 9월 22일 인민일보 마훙웨이(马宏伟) 이론부(理论部) 주임은 『중국의 화평발전』 백서에서 '경제사회의 지속가능한 발전을 위한 기본 보장'을 국가핵심이익 중 하나로 지정한 것을 거론하며, 이는 국가현대화건설에서 지속가능한 발전의 중요성이 더욱 높아졌음을 반증하는 것이라고 평가한다. 일반적으로 국가핵심이익을 국가주권, 안보 관련 이슈로 인식하는 전통적 시각에서 벗어나야 함을 지적하였다고 할 수 있다. 이런 차원에서 그

표 5-4 **후진타오 2기 '지속가능발전' 문제의 분야와 세부 속성**

문제	집권 시기		분야	세부 속성
지속가능발전	후진타오 2기	2011년	국가발전이익	- 국가발전이익

● 주: 세부 속성은 빈도수 높은 속성만 기입
● 자료: 인민일보 분석 결과를 바탕으로 저자 작성.

는 지속가능발전을 위해서는 자원과 환경발전의 지속가능성이 기초가 되어야 하고, 경제와 사회발전의 지속가능성이 핵심이 되어야 하며, 문화와 이론 혁신 보급이 선도되어야 한다는 점을 구체적으로 제시하였다([표 5-4] 참조).

1-4 토지 문제, 국가토지감찰기관 역할 강조

중국은 2011년 12월 30일자 인민일보를 통해 각종 경제, 사회 그리고 정치 문제가 토지 문제와 연결되어 집중적으로 나타날 가능성을 제기하며, 그 대응으로 국가토지감찰기관(国家土地督察机构)의 역할을 제시한다. 국가토지감찰기관이 지방정부의 토지 관리 업적과 토지이용 효율 두 방면에 집중하여, 정부의 관리와 정책 실패로 발생한 토지 낭비와 자산 손실 등의 문제를 해결해야 한다는 것이다. 주목할 부분은 중국 정부가 국가토지감찰기관의 지위와 사명을 국가핵심이익뿐 아니라 중화민족의 장기이익으로 표현한 점이다. 그런 차원에서 국가토지감찰기관은 반드시 인민의 이익과 전체국면의 이익(全局利益)을 최우선으로 하여야 하는 점을 강조한다([표 5-5] 참조).

표 5-5 **후진타오 2기 '토지' 문제의 분야와 세부 속성**

문제	집권 시기		분야	세부 속성
토지	후진타오 2기	2011년	국가발전이익	- 국가발전이익

• 주: 세부 속성은 빈도수 높은 속성만 기입
• 자료: 인민일보 분석 결과를 바탕으로 저자 작성.

1-5 재생에너지 문제, 글로벌 에너지 분배 구조 경쟁 심화

후진타오 집권 시기에 들어 중국은 글로벌 에너지 분배 구조를 국가핵심이익과 밀접히 연관된 문제로 인식한다. 글로벌 경제 재편 시기를 맞아, 주요 경제 강국이 신재생에너지 개발에 관심을 많이 가지면서 경쟁이 과열될 수 있다는 것이다. 구체적으로 재생에너지 특징이 신흥 산업을 결정할 가능성이 높은 현 상황에서 이 영역의 시장과 산업구조가 아직 형성 중이기 때문에, 주요 경제 강국 간 경쟁이 심화될 수 있다는 논리이다. 특히 많은 국가의 핵심이익과 글로벌 화석 에너지 분배 구조의 밀접한 관계로 이미 복잡한 국제 지정학적 정치 관계가 형성되었고, 이를 해결하기 위해서라도 신재생에너지 분야에 대한 경쟁은 치열해질 수 밖에 없다는 논리이다.

재생에너지 문제는 기본적으로 국가발전이익 분야 문제이다. 중국은 앞으로 재생에너지에 따라, 국가 간 경쟁에서 승패를 좌우할 신흥 산업이 결정될 가능성이 높다고 판단한다. 하지만 지정학적 차원에서 직접적으로는 국가안보와, 간접적으로는 국가주권과 어느 정도 연관되어 있다는 점도 인식하고 있었음을 알 수 있다([표 5-6] 참조).

표 5-6 **후진타오 2기 '재생에너지' 문제의 분야와 세부 속성**

문제	집권 시기		분야	세부 속성
재생에너지	후진타오 2기	2012년	국가발전이익	- 국가발전이익

● 주: 세부 속성은 빈도수 높은 속성만 기입
● 자료: 인민일보 분석 결과를 바탕으로 저자 작성.

2
시진핑 집권 1기
4차 산업혁명 과학기술과 인터넷 문제 이슈화

시진핑 집권 1기 국가발전이익 관련 국가핵심이익 문제는 총 14개로, 후진타오 집권 2기 대비 9개 증가한다. 이 중 3회 이상 거론된 문제는 '개방발전전략(3회)', '인류 공동이익(3회)', '빅데이터(3회)' 등 3개이다. 문제 간 유사성을 살펴보면, '빅데이터', '핵심기술', '신과학기술혁명' 등 4차 산업혁명과 직결된 과학기술 문제가 증가하였음을 알 수 있다. 또한, '인터넷 유언비어', '인터넷 안보와 질서', '정보 강역' 등 인터넷 및 정보 관련 문제도 중시되고 있음을 확인할 수 있다([표 5-7 참조]). 높은 빈도수를 기준으로 주요 문제들이 어떠한 맥락에서 거론되었는지 살펴보면 다음과 같다.

2-1 개방발전전략 문제, 정당권익과 국가핵심이익 수호가 전제

2016년 11월 개방발전전략 추진과 국가핵심이익 수호 간 변증 관계가 조명된다. 중국은 개방발전전략을 적극적으로 추진하고

표 5-7 **시진핑 집권 1기 '국가발전이익' 관련 국가핵심이익 주요 문제**

집권 시기	분야	문제	연도
시진핑 1기 (2013년~2017년)	국가발전이익	개방발전전략	2016년
		인류 공동이익	2016년
		빅데이터	2014년
		과학기술	2015년, 2017년
		중대형 국유기업 핵심 상업기밀	2013년
		중국발전이익관	2013년
		인터넷 유언비어	2013년
		인터넷 안보와 질서	2014년
		정보 강역	2014년
		핵심기술	2015년
		인민복지	2015년
		글로벌 거버넌스 시스템 변혁	2016년
		신과학기술혁명(산업변혁)	2017년
		국제난제	2017년

• 자료: 인민일보 분석 결과를 바탕으로 저자 작성.

세계 각국과 교류협력을 대대적으로 강화시켜 나가겠지만, 이런 전략이 자국의 정당권익 포기와 국가핵심이익 희생을 의미하지 않는다는 점을 분명히 한다. 즉, 국가주권, 국가안보, 국가발전이익을 해치지 않는 범위에서 개방발전전략을 추진하겠다는 뜻이다.

이와 동시에, 중국은 다른 국가의 이익 희생을 대가로 자국을 발전시키겠다는 의도가 없음을 표명한다. 이런 차원에서 중국은 앞으로도 화평발전의 실천자(和平发展的实践者), 공동발전의 추진자(共同发展的推动者), 다자무역체제의 수호자(多边贸易体制的维护者), 글로벌 경제 거버넌스의 참여자(全球经济治理的参与者) 역할을 견지할 것임을 천명한다.

거시적인 관점에서 개방발전전략은 종합적인 전략이다. 국가주권, 국가안보, 국가발전이익 모두를 관철시킨다고 할 수 있다. 하지만, 공동발전, 다자무역체제, 글로벌 경제 거버넌스 등의 키워드에서 알 수 있듯이, 주권과 안보보다는 발전이익과 더욱 밀접한 문제라고 판단할 수 있다([표 5-8] 참조).

표 5-8 **시진핑 1기 '개방발전전략' 문제의 분야와 세부 속성**

문제	집권 시기		분야	세부 속성
개방발전전략	시진핑 1기	2016년	국가발전이익	- 국가발전이익 - 국가주권 - 국가안보

● 주: 세부 속성은 빈도수 높은 속성만 기입
● 자료: 인민일보 분석 결과를 바탕으로 저자 작성.

2-2 인류 공동이익 문제, 마지노선 사고가 핵심

2016년 2월 마지노선 사유 맥락에서 인류 공동이익과 국가핵심이익 간 변증관계가 조명된다. 철학적 관점에서 인류 공동이익과 국가핵심이익은 공성과 개성(共性与个性), 보편성과 특수성의 관계로 볼 수 있다고 한다. 그리고 이런 변증관계 파악의 핵심이 마지노선 사유라는 것이다. 마지노선 사고에 따라 공성과 개성, 보편성과 특수성의 관계를 파악할 수 있다는 설명이다.

시진핑 국가주석이 천명한 인류운명공동체 창의도 이런 맥락에서 이해되어야 한다는 주장이다. 즉, 인류운명공동체는 협력과 공영 추진이 핵심이지만, 타국과의 협력에도 마지노선이 있다는 것이다. 협력 과정에서 민족국가의 개성이 존중받지 못하면 인류 공동이익도 보장되기 힘들다는 입장이다. 중국이 국가 핵심이익과 관련된 문제에서 레드라인를 설정하고 마지노선을 강조하는 것 역시 이런 이유가 반영된 결과이다.

인류 공동이익 문제도 국가주권, 국가안보, 국가발전이익 모두와 연관되어 있다. 그중에서도 민족국가의 개성 존중 표현에서 알 수 있듯이 국가주권 요소가 상대적으로 더 강하다. 하지만, 기본적으로 공동이익을 중심으로 타국과 협력하고 공영을 추진한다는 목표를 가졌기에 국가발전이익 분야 문제로 판단할 수 있다([표 5-9] 참조).

표 5-9 **시진핑 1기 '인류 공동이익' 문제의 분야와 세부 속성**

문제	집권 시기		분야	세부 속성
인류 공동이익	시진핑 1기	2016년	국가발전이익	- 국가발전이익 - 국가주권 - 국가안보

• 주: 세부 속성은 빈도수 높은 속성만 기입
• 자료: 인민일보 분석 결과를 바탕으로 저자 작성.

2-3 빅데이터 문제, 국가 전략화와 주권으로 규정 필요

2014년 5월 위정성이 주재하는 중앙통전부(中央统战部)의 당 외 인사(党外人士) 주제 좌담회에서 빅데이터 등 현대기술 응용을 국가전략 수준으로 향상시켜야 한다는 주장이 제기된다. 이 주장은 5월 21일자 인민일보에서 다시 한번 거론된다. 좌담회에 참석한 구삼학사(九三学社) 중앙 부주석 라이밍(赖明)은 빅데이터 등의 국가 전략화와 함께 데이터 주권(数据主权)을 국가핵심이익에 포함시켜야 하며, 특별항목의 발전규획을 제정해야 한다고 주장한다. 빅데이터 등을 '주권'으로 규정해야 한다는 것이다. 하지만, 문맥적으로 빅데이터는 국가발전이익 분야 문제로 판단할 수 있다([표 5-10] 참조).

표 5-10 **시진핑 1기 '빅데이터' 문제의 분야와 세부 속성**

문제	집권 시기		분야	세부 속성
빅데이터	시진핑 1기	2014년	국가발전이익	- 국가발전이익

• 주: 세부 속성은 빈도수 높은 속성만 기입
• 자료: 인민일보 분석 결과를 바탕으로 저자 작성.

2-4 과학기술 관련 문제, 원천기술 획득 주문

2015년을 전후로 '과학기술' 관련 문제가 국가핵심이익 차원에서 거론되기 시작한다. 2015년 7월 중국과학원의 커정옌(柯正言)은 세계과학기술강국 건설을 위한 세 가지 미래 과학기술 혁신 중점방향을 제시한다. 그중 국가의 중대 수요를 고려하여 유인 우주비행, 위성항법, 데이터 안보, 선진 핵에너지, 심해자원개발 등의 분야에서 과학기술의 난관을 극복하고 협동·혁신하여, 핵심기술 분야의 중대한 돌파구를 마련해야 한다고 주장한다. 그의 의견에 따르면, 이는 국가핵심이익, 국방안보, 그리고 장기발전과 관련된 분야로 핵심 부분을 전략적으로 공략해야 한다는 것이다. 그는 10월에도 비슷한 주장의 글을 인민일보에 게재한다.

2017년에는 리커창 총리에 의해 '신과학기술혁명(新科技革命)'과 '산업변혁(产业变革)'이 거론된다. 리커창 총리는 인공지능(AI), 양자과학, 유전자변이와 신재료, 신에너지 등 관건 영역에서 원천기술 획득에 집중할 것을 주문한다. 이와 함께 수요공급 변화에 대비하여 국가핵심이익, 국가안보, 민중복지 등 영역에서 '중국제조 2025(中国制造2025)', '인터넷 플러스(互联网+)' 등의 결합과 중대 과학기술 공정에 의탁하는 방법 등을 제시한다(세부 속성은 [표 5-11] 참조).

표 5-11 **시진핑 1기 '과학기술' 관련 문제의 분야와 세부 속성**

문제	집권 시기		분야	세부 속성
과학기술	시진핑 1기	2015년	국가발전이익	- 국가발전이익
		2017년	국가발전이익	- 국가발전이익
신과학기술혁명 (산업변혁)		2017년	국가발전이익	- 국가발전이익

● 주: 세부 속성은 빈도수 높은 속성만 기입
● 자료: 인민일보 분석 결과를 바탕으로 저자 작성.

2-5 인터넷 관련 문제, 안보와 질서 유지 강화 필요

2013년을 기점으로 '사이버와 정보안보'의 중요성이 강조되기 시작한다. 2013년 6월 중국사회과학원 멍웨이(孟威)은 '인터넷 유언비어'의 폐해와 위해성을 언급하며, 세계 각국의 주요 정책을 소개한다. 특히, 미국의 사례를 설명하면서 인터넷 유언비어가 국가핵심이익을 위해한다는 점을 강조한다.

이로부터 6개월 뒤인 2014년 1월 궈성쿤(郭声琨) 공안부 부장은 시진핑 국가주석의 국가안보와 사회 안정에 관한 주요 발언을 인용하며 '인터넷 안보와 질서'를 거론한다. 인터넷 안보와 질서가 정치안보 및 정권안보와 직결되어 있고, 이는 결과적으로 당의 집권 지위와 국가핵심이익에까지 영향을 끼친다는 것이다. 이런 차원에서 그는 공안기관의 국가안보와 사회 안정 유지 역할을 거론하며 법에 근거한 인터넷 관리 방침을 견지할 것임을 밝힌다. 특히, 인터넷 유언비어나 비방 혹은 사기 등 범죄행위는 엄격히 다루겠다는 입장을 취한다.

심지어 4월 하남성 당교 쉐루이한(薛瑞汉) 교수는 인터넷 공간(网络空间)을 국가주권의 새로운 강역으로 보고 인터넷 공간에 대한 국가안보전략 수립의 필요성까지 제기한다. 빅데이터 등을 데이터 주권으로 인식해야 한다는 주장과 일맥상통한다. 그의 주장에 따르면, 인터넷과 정보안보를 국가안보의 수준으로 향상시켜야 한다는 것이다. '정보 강역'을 전통적 국토 강역과 동일하게 규정하고 국가핵심이익으로 보호할 필요가 있다는 의견이다.

인터넷 관련 국가핵심이익 문제는 특성상 국가발전이익 분야로 분류된다. 하지만, 인터넷 유언비어에서 안보와 질서 이슈가 국가주권, 특히 중국 헌법이 확립한 국가정치제도와 사회의 전반적 안정에 직·간접적으로 영향을 끼치고 있음을 알 수 있다. 사이버와 정보를 대표하는 인터넷 자체는 경제·사회의 지속가

표 5-12 **시진핑 1기 '인터넷' 관련 문제의 분야와 세부 속성**

문제	집권 시기		분야	세부 속성
인터넷 유언비어	시진핑 1기	2013년	국가발전이익	- 국가발전이익 - 국가주권
인터넷 안보와 질서		2014년	국가발전이익	- 국가발전이익 - 정치제도와 사회 안정
정보 강역		2014년	국가발전이익	- 국가발전이익 - 정치제도와 사회 안정

- 주: 세부 속성은 빈도수 높은 속성만 기입
- 자료: 인민일보 분석 결과를 바탕으로 저자 작성.

능한 발전 관련 문제이지만, 인터넷 발달로 인해 발생할 수 있는 이슈는 정치제도 및 사회 안정 문제와 직결되기 때문이다([표 5-12] 참조).

2-6 중대형 국유기업 핵심 상업기밀 문제, 국가기밀로 전환 가능

2013년 중대형 국유기업 핵심 상업기밀이 국가핵심이익 관련 문제로 거론된다. 2013년 4월 국가기밀국(国家保密局) 두융성(杜永胜)은 국가안보와 발전이익 수호를 보안 관리 업무가 직면한 새로운 과제라고 밝히면서, 그중에서도 상업기밀과 국가핵심이익 간의 긴밀성을 제기한다. 그는 현재 177개 국가와 지역에 1만 8천 개 경외(境外)기업이 진출해 있지만, 상업기밀 보호를 위한 제도적 규범, 정책적 지원, 부서 지도 등이 매우 미흡하다고 지적한다. 상업기밀 특히 국민경제발전을 지탱하는 중대형 국유기업의

표 5-13 **시진핑 1기 '중대형 국유기업 핵심 상업기밀' 문제의 분야와 세부 속성**

문제	집권 시기		분야	세부 속성
중대형 국유기업 핵심 상업기밀	시진핑 1기	2013년	국가발전이익	- 국가발전이익 - 국가안보

● 주: 세부 속성은 빈도수 높은 속성만 기입
● 자료: 인민일보 분석 결과를 바탕으로 저자 작성.

핵심 상업기밀은 국가핵심이익과 직접적으로 관련될 뿐 아니라, 특정 조건에서는 국가기밀로까지 전환될 수 있음에도 불구하고 관련 조치가 미흡한 사실을 매우 심각하게 받아들여야 한다는 것이다. 기업의 상업기밀은 비단 기업이익과 경쟁력 보호 차원에서뿐 아니라 국가안보와 발전이익 문제와 직결된다는 것을 인식하고 철저히 보호해야 한다는 주장이다([표 5-13] 참조).

3
시진핑 집권 2기
미중 무역전쟁 핵심 문제로 등장

시진핑 집권 2기 국가발전이익 관련 국가핵심이익 문제는 총 2개로, 집권 1기 대비 12개 줄어들었다. 하지만, 빈도수는 총 20회로 집권 1기 때와 동일할 뿐 아니라 비중은 약 23.3퍼센트로 8.1퍼센트 포인트 더 크다. 2개 관련 문제 중 '미중 무역전쟁'이 총 19회로 절대적 비중을 차지할 정도로 매우 중요하게 다루어진다([표 5-14]). 미중 무역전쟁이 어떠한 맥락에서 국가핵심이익과 관련되어 있는지 살펴보면 다음과 같다.

표 5-14 **시진핑 집권 1기 '국가발전이익' 관련 국가핵심이익 주요 문제**

집권 시기	분야	문제	연도
시진핑 2기 (2018년~2022년)	국가발전이익	미중 무역전쟁	2018년, 2019년, 2021년
		자유무역시범구	2021년

• 자료: 인민일보 분석 결과를 바탕으로 저자 작성.

3-1 미중 무역전쟁 문제, 미국의 무역보호주의이자 무역패 권주의로 규정

중국은 2018년 7월 6일부터 시작된 미중 무역전쟁을 자국의 국가핵심이익을 침해하는 문제로 규정한다. 양국의 무역전쟁은 고율 관세 부과 조치를 중심으로 펼쳐진 분쟁으로 2017년 8월과 2018년 3월 도널드 트럼프(Donald J. Trump) 미국 대통령의 행정명령으로 시작된다. 트럼프 대통령은 2017년 8월 14일 중국의 지식재산권 침해와 기술 강제 이전 요구 등 부당한 관행을 조사하라는 행정명령에 서명한다. 2018년 3월 23일에는 연간 500억 달러 규모의 중국 수입품에 25.0퍼센트의 고율 관세 부과를 허용하는 행정명령에 서명한다. 이를 기반으로 4월 3일 미국무역대표부(USTR)는 1,333개 고율 관세 대상 품목을 발표하고, 이에 맞서 중국은 4월 4일 미국 수입품 106개 품목을 제시하며 갈등을 고조시킨다.

대상 품목 발표로 전쟁의 서막을 열었던 양국은 2018년 7월 6일 미국이 340억 달러에 달하는 중국 상품 818개 품목에 25.0퍼센트의 관세를 부과하고, 중국도 같은 액수의 545개 품목에 25.0퍼센트 관세를 부과하면서 무역전쟁을 개시한다.[1] 그 이후 양국은 지속해서 협상을 이어가지만, 해결의 실마리를 찾지 못한다. 이 과정에서 2018년 8월 23일 미국과 중국 모두 160억 규모의 279개와 114개 품목에 서로 추가 관세를 부과한다. 이에 더하여

2018년 9월 24일에는 미국이 2,000억 달러 규모 5,745개 품목에 대한 10.0퍼센트의 관세를 부과하고, 중국도 600억 달러 규모의 품목별로 5.9~10.0퍼센트 관세를 부과하는 조치를 단행한다.

애초에 미중 무역전쟁이 발생하였을 때 중국이 '항복'할 것이라는 주장이 많이 제기되었다. 하지만, 예상과 달리 중국이 강경한 입장을 견지하면서 '치고 받기(tit for tat)' 게임이 되어버린다. 그 이유 중 하나는 중국이 미중 무역전쟁을 자국의 국가핵심이익을 침해하는 것으로 규정하고 있기 때문이다. 구체적으로 살펴보면, 2018년 7월 7일, 즉 미국이 처음으로 25.0퍼센트의 관세를 부과한 다음 날 중국은 인민일보 기사를 통해 미국의 조치를 무역보호주의이자 '미국무역패릉주의(美国贸易霸凌主义, 집단 따돌림)'로 규정한다. 또한 미국의 조치는 국가핵심이익뿐 아니라 인민의 이익까지 해치는 행위로 절대 양보할 수 없다는 입장을 밝힌다. 심지어, 냉전 시기 대중국 봉쇄정책까지 거론하면서 과거에 비해 더욱 강해진 중국이 어떻게 무원칙적으로 양보할 수 있느냐는 논리를 펼친다. 이에 더하여, 각국 여론을 소개하면서 미국이 글로벌 산업벨트와 가치사슬 안보를 위해할 뿐 아니라 글로벌 무역질서를 어지럽히는 등 세계무역기구(WTO)의 규칙을 위반하고 있다고 비판한다. 국가핵심이익과 인민의 이익을 수호하기 위해서 중국은 부득이 세계무역기구에 제소할 수밖에 없음을 밝히며 자유무역과 다자체제를 세계 다른 국가와 함께 지켜나갈 것임을 강조한다.

2018년 7월 10일 미국이 2,000억 달러 규모의 수입품에 10.0퍼센트 관세를 부과하겠다고 발표하자 중국은 다시금 강력히 반발한다. 7월 12일 인민일보 기사를 통해 중국이 국가핵심이익 관련 사안을 양보할 것이라는 판단은 미국의 전략적 오판으로, 중국은 절대 위협과 협박에 후퇴하지 않을 것이며, 필요하다면 반격할 의지가 있다고 밝힌다. 2018년 7월 13일 기사에서는 무역전쟁이 양날의 검으로 미국 역시 피해를 입을 것이며, 실제로 EU와 캐나다 등 국가가 미국 상품에 관세를 부가하였다는 점을 강조한다. 2018년 7월 26일 중국 상무부는 대변인 발언을 통해 중국의 일관된 입장을 다시 한번 강조한다. 중국 상무부 가오펑 (高峰) 대변인은 중국이 무역전쟁을 원하지 않지만 무서워하지도 않는다며 국가핵심이익과 중국 인민의 이익을 끝까지 지킬 것임을 천명한다.

2018년 7월 26일 세계무역기구 일반이사회 제3차 회의에서 미국이 중국의 경제모델을 비판하자 중국은 이를 미국의 일방주의 행동에 관한 자국 변호로 규정하며 반발한다. 중국은 미국이 주장하는 공평 무역이 미국 우선주의를 전제로 하는 점을 지적하며, 다자무역체제를 무너트리는 정책이라고 비난한다. 또한, 미국이 국제적으로 중국을 공격하더라도 절대 타협 혹은 굴복하지 않겠다는 입장을 밝힌다.

미중 간 날쌘 공방 속에서 2018년 8월 2일 미국이 관세를 10.0퍼센트에서 25.0퍼센트로 올리겠다고 발표하자, 중국도 이에 맞서 600억 규모의 미국 농산품 등 품목에 5.0~25.0퍼센트 차등 관세를 부과할 것을 밝힌다.

이렇게 5개월간 지속되었던 미·중 양국 간 무역전쟁은 12월 1일 아르헨티나에서 개최된 G20 정상회의를 계기로 잠시 휴전 국면에 들어간다. 중국은 2018년 12월 3일자 인민일보 보도에서 지난 세 번의 협상으로 양국 간 입장을 더욱 이해하게 되었다고 평가한다. 하지만, 지속해서 국가핵심이익과 인민의 근본이익을 수호하는 마지노선에 기초할 뿐 아니라, 필요할 경우 재보복 조치도 취할 것이라는 입장을 함께 밝힌다.

미·중 양국은 2019년 1월 중국 베이징에서 차관급 무역 협상에 들어간다. 비록 가시적인 성과를 얻지 못하지만, 양국 간 협상이 시작되었다는 점에서 의의가 작지 않다. 실제로 양국이 4월 30일에서 5월 1일까지 무역 합의 마무리를 위한 협상을 벌이고, 최종합의안이 5월 10일 전후로 발표될 가능성이 있다는 보도가 나오는 등 무역전쟁이 종결될 것이라는 기대감이 높아졌다. 하지만, 5월 9일~10일 미국 워싱턴 DC에서 열린 협상이 결렬되면서 양국 간 갈등은 다시금 고조된다. 미국은 5월 10일부터 2,000억 달러 상당의 중국 상품 5,745개 품목에 약 25.0퍼센트의 관세를 부가한다. 중국도 이에 맞서 5월 13일, 6월 1일 0시를 기해 600억 달러 상당의 미국 상품 5,140개 품목에 최대 25.0퍼센트의 관세를 매기면서 맞대응한다. 이에 도널드 트럼프 대통령은 추가로 중국 상품 3,805개 품목에 대해서도 25.0퍼센트의 관세를 물리겠다며 경고한다. 미국의 대중국 압박은 이에 그치지 않고 중국의 기술 산업 타격으로 이어진다. 5월 15일 도널드 트럼프 대통령은 미국 기업이 국가안보를 위협하는 외국산 장비를

표 5-15 **2017년 이후 분야별 미중 갈등 주요 사례**

분야	2017년	2018년
정치	-	- 차이잉원 타이완 총통 미국 방문
경제	-	- 미중 상호간 추가 관세 부과 개시 - 미중 무역 전쟁 공식 발발
안보	- 안보 협력체 쿼드(Quad) - 한국에 THAAD 증강 배치 - 남중국해 '항행의 자유' 작전 재개 - 미국, 타이완에 무기 판매 승인 - 미 해군 함정 타이완해협 항행	- 안보 협력체 쿼드(Quad) - '항행의 자유' 작전 지속 - 미 해군 함정 타이완해협 항행
기술	-	- 미국, 화웨이 제재 - 화웨이 부사장 캐나다에서 체포, 미국압송
기타	- 중국 유학생 비자 발급 요건 강화	-

분야	2019년	2020년
정치	- 타이완 관계 강화법 통과 - 신장 인권법 통과, 관련 인원 제재 - 미국-타이완 고위급회담 - 홍콩 인권법 통과, 관련 인원 제재 - 차이잉원 타이완 총통 미국 방문	- 미국, 홍콩 특별지위 박탈 - 미중 상호 영사관 폐쇄 - 중국 공산당원 미국 여행 금지 추진 - 신장 강제노역 방지법 통과 - 타이완, 괌에 영사관 설립 추진
경제	- 무역 전쟁 지속 - 신장 관련 기업인 제재 - 경제번영네트워크(EPN) 구상	- 무역 전쟁 지속 - 신장, 남중국해 관련 기업인 제재 - 경제번영네트워크(EPN) 구상
안보	- 안보 협력체 쿼드(Quad) - '항행의 자유' 작전 지속 - 미국-타이완 사이버전 합동 군사훈련 - 미 해군 함정 타이완 해협 항행 - 타이완에 대한 무기 판매	- '항행의 자유' 작전 지속 - 안보 협력체 쿼드(Quad) - 미 해군 함정 타이완 해협 항행 - 미국-타이완 특수전 합동 군사훈련 - 미국, 타이완에 대한 무기 판매
기술	- 중국 개별기업들에 대한 제재	- 미국, ZTE, 틱톡 제재
기타	-	- 코로나바이러스 책임 공방 - 중국군 소속 미국 대학 연구원 간첩 혐의로 체포 - 중국군 관련 유학생 추방 예고

• 자료: 이민규 외, 『포스트 코로나 시대 서울시 도시외교』(서울: 서울특별시, 2021), p.58.

사용하지 못하게 하는 내용의 「정보·통신 기술서비스 공급망 확보」 행정명령에 서명하며 화웨이·ZTE 등 중국 통신장비 업체를 실질적으로 제재한다. 문제는 미중 갈등이 전방위적으로 확대되면서 단순한 무역 분야에 한정되지 않았다는 점이다. 타이완 이슈에서 미국 유학경계령까지 모든 분야에서 갈등이 발생하는 '갈등 일변도' 현상이 심화된다([표 5-15] 참조).

갈등이 확대되는 와중에 다시 한번 미중 정상회담이 열리면서 휴전 국면에 돌입한다. 2019년 6월 29일 일본 오사카에서 열린 G20 정상회담에서 무역 협상 재개에 합의하면서 미중 양국은 협상의 발판을 마련한다. 하지만, 기대도 잠시 7월 중국 상하이에서 개최된 무역 협상이 성과 없이 종료되고, 8월 1일 미국이 9월부터 3,000억 달러 규모의 중국산 제품에 10.0퍼센트의 관세를 부과하겠다고 발표하면서 무역전쟁은 재점화된다. 맞대응 차원에서 중국은 미국산 농산물 수입 중단을 지시하고, 위안화 가치 하락을 용인한다. 미국 역시 8월 5일 중국을 환율조작국으로 지정하며 강대강으로 부딪친다. 불행 중 다행인 것은 2019년 10월 10일~11일 미국에서 열린 제13차 고위급 무역 협상에서 부분적 합의안을 이끌어 내면서 다시금 휴전 상태에 돌입할 수 있게 된 점이다.

2019년 전개된 보복과 협상 과정에서 중국은 협상 중시와 국가핵심이익 수호 간의 논리적 구조를 지속 언급하며 기본 입장을 고수하는 모습을 보인다. 협력이 미중 양국 간 유일한 바른 선택이며, 공영만이 밝은 미래를 보장하지만, 협력 또한 원칙이 있다는 점을 강조한다. 구체적으로 살펴보면, 2019년 5월 양국 무역 협상이 결렬되자 중국은 5월 13일 인민일보에 "미중 무역 협력은 바른 선택이지만, 협력에도 원칙이 있다"라는 제목의 평론을 게재한다. 평론에서 중국은 중대 원칙 문제에 있어서 절대 양보하지 않을 것이며, 국가핵심이익과 인민의 근본이익을 결연히 수호할 것은 물론, 어느 때에도 국가의 존엄을 상실하지 않을 것이니, 그 누구도 중국이 자국의 핵심이익을 해치는 일을 할 것이라 기대하지 말 것을 경고한다. 5월 15일자 평론에서는 "군자의 나라, 군자의 도리가 있다(君子之国, 有君子之道)"라는 표현으로 자국은 역사적으로 예의지국(礼仪之邦)으로 먼저 예를 지키고 이것이 실효가 없을 때 비로서 무력을 행사한다(先礼后兵)는 논리로 미국의 패릉주의를 비판한다. 5월 17일 평론에서는 한발 더 나아가 1840년 이래 서양 열강에 의해 강제적으로 체결된 '불평등 조약'까지 들추면서 미국의 '취옹지의부재주(醉翁之意不在酒, 딴 속셈이 있거나 안팎이 다름)' 형태의 탄압억제 정책을 비난한다. 8월 1일 미국이 다시금 관세를 부과하겠다고 발표하자 중국은 8월 3일 인민일보를 통해 중국의 반격 조치는 국가핵심이익과 인민의 근본이익을 수호하기 위해 어쩔 수 없이 취하는 것이라는 점을 강조한다. 미국과 싸울 생각이 없지만, 싸움을 두려워하지 않는다는 것이다(我们不想打, 但也不怕打).

협상과 갈등을 반복해 온 미중 무역전쟁은 2020년 1월 양국 간 1단계 합의에 도달하면서 일단락된다. 이 과정에서 미중 양국인 보인 태도와 관련 정책은 패권 경쟁으로 묘사가 될 정도로

표 5-16 **시진핑 집권 2기 '미중 무역전쟁' 문제의 분야와 세부 속성**

문제	집권 시기		분야	세부 속성
미중 무역전쟁	시진핑 2기	2018년	국가발전이익	- 국가발전이익
		2019년	국가발전이익	- 국가발전이익
		2021년	국가발전이익	- 국가발전이익

● 주: 세부 속성은 빈도수 높은 속성만 기입
● 자료: 인민일보 분석 결과를 바탕으로 저자 작성.

내포하고 있는 성질은 다차원적이다. 그중에서도 미중 무역전쟁
을 미래기술전쟁으로 표현할 만큼 향후 양국 관계와 국제관계
전반에 끼칠 영향은 매우 클 것이다. 하지만, 중국의 전략적 의도
를 떠나 미중 무역전쟁 그 자체를 국가발전이익 관련 국가핵심
이익 문제로 한정시키고 있음을 알 수 있다.

다른 한편, 중국은 미국의 행위를 국가 존엄과 국가핵심이익
뿐 아니라 인민 혹은 인민군중의 이익(人民群众利益)을 해치는 것
으로 규정한다. 심지어 인민(군중)의 근본이익을 침해하는 행위
이자 치욕으로까지 묘사한다. 즉, 경제와 무역 문제인 만큼 국가
관계뿐 아니라 국민의 삶과 직결된 사안으로 보고 있는 것이다
([표 5-16] 참조).

6장

한중관계 30년
– 한국의 무너진 중국꿈, 국가이익 체계 수립 필요

한중관계는 1992년 수교 후, 상이한 정치·안보체제와 한국전쟁의 상흔에도 경제적 상호의존과 인문 교류를 바탕으로 전략적 관계로까지 발전한다. 한국은 한미동맹 근간의 안보정책을 유지하면서도 중국의 부상에 균형(balancing)이 아닌 적극적인 헤징(active hedging) 전략을 채택해 왔다. 하지만 지난 30년 한국의 '중국꿈'은 국가핵심이익을 앞세운 '중국몽' 앞에 무너지게 된다. 앞으로 한중 양국은 '건강한' 관계 구축을 위해 '구동화이'를 점진적으로 실현하는 방향으로 나아가야 한다. 단기적으로 위기관리 체계를 수립하고 진단 기반의 투 트랙 공공외교를 추진해야 한다.

2015년 박근혜 대통령은 '항일전쟁 및 세계 반파시스트 전쟁 승전 70주년' 기념행사 참석차 방중,
시진핑(习近平) 중국 국가주석과의 정상회담에서 양국관계를 '환난지교(患难之交)'로 비유했고,
시주석은 '이심전심(以心传心)'이라 화답했다.
사진: 연합뉴스(2015년 9월 4일)

1
위협으로 다가온 중국의 '방어적' 부상

이 책은 중국의 국가핵심이익 개념에 대한 이해와 정책 변천 과정, 구체적인 관련 문제 분석, 그리고 이를 바탕으로 한 정책 제안을 주요 목적으로 삼았다. 체계적이고 실증적인 분석을 위해 국가이익의 틀 속에서 이론적 검토를 하였고, 인민일보를 분석 자료로 내용분석을 실시하였다. 그 과정에서 실증주의 인식론에 기반을 둔 내용분석법의 제한된 해석 범위와 분석 과정에서 발생할 수 있는 오류를 보완하기 위해 텍스트 분석을 동시에 진행하였다. 본 장에서는 서론에서 제기한 네 가지 가설을 종합적으로 검증하고, 한중관계 30년을 진단한 후에 이를 바탕으로 향후 발전 방향을 제시하고자 한다.

1-1 국가핵심이익, 최상위급 국가이익으로 개념의 공식화 지속

● 미국의 사활적 이익과 동급의 최상위급 국가이익

중국의 국가핵심이익은 미국의 사활적 이익에 비견되는 최상위급 국가이익이다. 원칙적으로 지속시간이 '항구적인' 영구이익으로 정치·안보·경제·문화 전 분야 이익을 포괄하고 모든 분야에 적용되는 보편이익이다. 중국이 국가이익을 핵심이익과 비(非)핵심이익으로 구분한 이유는 정책의 선후경중을 명확히 하여 대내적으로는 제한된 자원을 효율적으로 사용하고, 대외적으로는 마지노선을 설정하여 국가이익을 극대화하려는 데 있다. 단, 중국의 국가핵심이익은 냉전 시기 혹은 그 이전 시기부터 존재했던 사안과 논란을 '수호'한다는 측면에서 '방어주의'적 성향을 띄고 있기도 하다. 국내 정치 통합 정도가 낮고, 국제 권력 경쟁에서 열세에 처해 있을 때, 국가핵심이익으로 규정한다는 주장과 일맥상통한다.

● 문서화, 개념화, 권위 부여, 절대화 방식으로 개념 공식화

중국은 국가핵심이익 개념을 지속적으로 공식화하고 있다. 학문적 개념이거나 일부 지도자에 의해 임의적·한시적으로 사용되는 용어가 아니라는 의미이다. 국가핵심이익 개념의 공식화는 다음과 같이 다섯 가지 방식으로 이루어지고 있다.

첫 번째는 '문서화'이다. 2000년대 초반 일부 지도자의 발언에만 의존했던 것과 달리 백서와 당대 보고서 등 주요 문서에 관련 개념과 내용을 포함하고 있다. 이 연구의 분석 자료인 인민일보에서의 거론 빈도수가 시진핑 집권 시기 증가한 점 역시 이런 특징을 반영한 결과라고 할 수 있다. 가장 중요한 문서화의 사례는 2011년『중국의 화평발전』백서에 국가핵심이익 개념과 함께 구성요소를 명확히 제시한 것이다. 이는 국가핵심이익이 중국의 화평발전(노선)과 직결되어 있다는 것을 의미하는 것으로 시사하는 바가 크다.

두 번째는 '간략화'이다. 중국은 국가핵심이익의 구성요소를 통일하고 간략화하여 개념의 추상화 정도를 높이고 있다. 시진핑 집권 시기에 들어 국가핵심이익을 국가주권, 국가안보, 국가발전이익으로 간략화한 것에서 확인할 수 있다. 이와 함께, 국가핵심이익 관련 문제가 증가 후 다시 줄어들고 있는 것에서도 확인이 가능하다. 국가주권, 국가안보, 국가발전이익 관련 문제 모두 시진핑 집권 1기까지 증가한 후 집권 2기에 들어 줄어드는 추세를 보인다. 국가핵심이익 관련 문제가 '남발'되고 있다는 내·외부 비판에 대한 조정의 결과이자 '핵심' 국가이익이 분명해지고 있다고 할 수 있다.

세 번째는 '권위 부여'이다. 중국은 주요 지도층의 빈번한 발언을 통해 국가핵심이익 개념과 관련 정책에 권위를 부여하고 있다. 특히, 인민일보 내용을 분석한 결과, 시진핑 집권 시기에 들어 상무위원들의 관련 발언이 높은 폭으로 증가하였고, 시진핑의 직·간접적인 발언이 높은 비중을 차지한다는 것을 알 수 있다. 2019년부터는 시진핑의 발언을 직·간접적으로 인용한 비율이 100.0퍼센트를 차지한다는 점은 주목할 부분이다.

네 번째는 '절대화'이다. 중국은 국가핵심이익을 마지노선 혹은 레드라인 등으로 규정하며 절대적 속성을 부각하고 있다. 이는 국가핵심이익 관련 문제를 근본이익, 정당권익 등의 문제로 함께 규정한 것에서도 알 수 있다. 중국이 국가핵심이익을 의사결정과정의 절대적 기준이자 양보와 타협이 불가능한, 협상의 대상이 아니라는 점을 강조하고 있는 것이다.

● 국가발전이익과 분쟁 중인 문제 추가로 외연 확대

중국은 국가핵심이익 외연을 지속적으로 확대하고 있다. 국가핵심이익 관련 문제가 특정 이슈로 귀결되는 양상을 보이는 것과 동시에 새로운 문제가 지속해서 포함되고 있다. 분석 결과, 분석 시기가 늘어남에 따라 '핵심'적인 국가이익이 추려지고 있고, 특정 집권 시기 주요 사건이 국가핵심이익 관련 이슈로 밝혀지고 있다. 외연 확대 특징을 문제 중심으로 정리하면 다음과 같이 세 가지로 요약할 수 있다.

첫 번째는 지속적인 관련 문제 추가이다. 인민일보 내용분석 기준으로, 국가핵심이익 관련 문제는 후진타오 집권 2기에 22개가 새롭게 추가된다. 시진핑 집권 1기에 들어서는 43개 문제가 새롭게 추가되면서 큰 폭의 외연 확대를 보인다. 시진핑 집권 2기에도 총 11개 새로운 문제가 추가된다.

두 번째는 국가발전이익 관련 문제의 증가이다. 국가주권과 국가안보 관련 문제에 더해 시진핑 집권 1기부터 국가발전이익 관련 문제가 증가하면서 양적 확대의 중요한 특징이 된다. 국가 발전이익 관련 문제는 후진타오 집권 시기 총 5개에서 시진핑 집권 시기 총 16개로 약 3배 증가한다. 특히, 시진핑 집권 1기 총 14개 새로운 문제가 추가되면서 비중이 약 27.5퍼센트까지 증가한다. 시진핑 집권 2기 총 2개로 관련 문제가 급감하지만, 이는 미중 무역(기술)전쟁 이슈에 모든 관련 문제가 귀결된 결과라고 할 수 있다. 이는 관련 문제는 14개에서 2개로 줄어들었지만, 빈도수는 20회로 동일하고 비율은 오히려 약 15.2퍼센트에서 23.3퍼센트로 증가했다는 것에서 확인할 수 있다.

세 번째는 분쟁 중인 문제를 국가핵심이익으로 규정하는 경향을 보인다. 중국은 남중국해, 동중국해, 한반도 사드배치, 미중 무역전쟁, 중인 변경 분쟁 등 문제 처리 과정에서 국가핵심이익 관련성을 거론한다. 다르게 표현하면, 분쟁이 발생한 이후에 비로소 이를 국가핵심이익 관련 문제로 규정하는 행태를 보이고 있는 것이다.

1-2 경제력의 무기화와 제한적 무력 사용 가능성

● 미래 신전략 산업 경쟁과 경제력의 무기화 예상

향후 중국과 경제 선진국 간 신전략 산업을 둘러싼 경쟁이 더욱 치열하게 발생할 것으로 예상된다. 핵심 과학기술 관련 산업 분야에서는 단순 경쟁을 넘어 분쟁이 발생할 수도 있다. 제2, 제3의 미중 기술전쟁이 반복적으로 일어날 가능성을 배제하기 어렵다는 것이다. 애버리 골드스틴(Avery Goldstein)의 주장대로 과학기술은 부상 중인 대국이 지속적으로 궐기할 수 있는지를 결정하는 3대 국제요인 중 하나이다. 이는 지속가능한 경제성장의 밑바탕이 될 뿐만 아니라 군사력 증강에 직접적인 영향을 끼치는 요소이기 때문이다.[1]

중국 역시 이러한 점을 인지하고 있기 때문에 경제발전을 국가주권과 안보의 기초로 인식하고 국가발전이익 분야의 외연을 확대한다. 그중에서도 신전략 산업 관련 문제를 국가핵심이익 범주에 지속해서 포함시키고 있다. 후진타오 집권 2기 '재생에너지'와 '지속가능발전' 등이 국가핵심이익과 관련 있다는 것을 밝힌 중국은 시진핑 집권 시기에 들어 4차 산업혁명의 대표적인 분야인 '빅데이터'와 '정보 강역('인터넷 안보와 질서' 포함)'의 관련성을 거론한다. 2017년에는 '신과학기술혁명(혹은 '산업변혁')'이 국가핵심이익과 직결된다고 직접적으로 밝히기까지 한다.

문제는 중국이 특정 정치와 외교적 목적 달성을 위해 경제력을 이미 도구화한 상황에서 핵심 과학기술 관련 사안을 국가핵심이익으로 규정한다면, 더욱 고차원적인 경제보복 수단을 사용할 가능성이 높아지고, 경제력을 바탕으로 한 힘의 투사가 확대될 수 있다는 점이다. 이와 동시에 국가핵심이익 수호라는 명분을 앞세워 충돌을 마다하지 않을 개연성도 높다. 이보다 더 큰 문제는 소위 4차 산업혁명으로 불릴 정도로 기술변혁의 시대가 미중 간 세력 경쟁과 맞물리고 있다는 점이다. 미중 패권경쟁이 과거 양국 협력의 기반이 되었던 경제 분야로까지 확대가 된 상황에서 중국이 국가핵심이익으로 규정하는 국가발전이익 문제가 증가할수록 미중 양국 간 기술전쟁은 더욱 치열해질 수밖에 없다.

● 군사 옵션 선택 가능성 감소

중국이 국가핵심이익 수호를 위해 무력을 사용할 가능성은 높아 보이지 않는다. 전체 국가안보 이슈 중 군사·군대와 직결된 문제가 약 41.9퍼센트를 차지할 정도로 높은 비중을 차지하는 것은 사실이다. 그중에서도 '강군' 건설을 포함한 '국방과 군대 건설', '군 현대화', '국방과학기술' 등뿐 아니라 '제2포병'과 '광동군구 항공병' 등 구체적인 전략 부대가 거론되기까지 한다. 이는 중국 국내 학자들이 주장한 '군 현대화'와 '군사협력' 등 군사 옵션이 약 23.0퍼센트 비중을 보인 것이 실증적으로 증명된 것이라 할 수 있다[표 1-1 참조]. 하지만, 그 대상이 '핵무기'라는 점을 고려할 때 '핵 억제력'을 고려하지 않을 수 없다. 즉 무력 배치와 위협 혹은 우발적인 무력 충돌이 발생할 수 있지만, 그 범위와 정도는 제한적일 확률이 높다. 다른 한편, 시진핑 집권 2기에 들어 국가안보 관련 문제가 집권 1기 19개에서 6개로 급감하고 거론 빈도수도 약 32.6퍼센트 비중에서 약 10.5퍼센트로 줄어든 것을 감안하였을 때, 무력 사용 가능성을 완전히 배제하는 것은 아니지만 주요 옵션이라 판단하기 어렵다.

1-3 기회보다 위협으로 다가온 중화민족의 위대한 부흥

중국의 국가핵심이익 개념은 단순한 '수사'가 아닌 '행태'로 나타날 수 있는 의사결정과정의 절대적 기준이자 대내·외적 명분으로 발전하였다. 1950년대 제시되어 냉전 시기 중국 대외정책의 기준이자 원칙이었던 '평화공존 5원칙(和平共处五项原则)'에 버금가는 혹은 그 원칙을 계승한 개념으로 진화했다고 판단된다([표 6-1] 참조).[2] 화평발전노선 추구 시기 '평화공존 5원칙'의 발전된 버전이 중화민족의 위대한 부흥 시기까지 이어져 온 것이다.

실제로 '국가핵심이익'을 키워드로 '화평발전노선', '중화민족의 위대한 부흥'과의 상관관계를 내용분석해 보면, 화평발전노선은 2010년부터 높은 상관성을 보인다. 2010년 3회 거론된 것을 시작으로 2013년에는 12회, 시진핑 집권 1기에는 연평균 8회의 빈도수를 보인다. 시진핑 집권 2기에 들어서는 화평발전노선은 4회로 줄어든 반면 중화민족의 위대한 부흥이 12회 거론된다.

표 6-1 **국가핵심이익과 평화공존 5원칙 비교**

국가핵심이익		평화공존 5원칙
국가주권	영토완정	주권과 영토완정 상호존중
	국가통일	
	중국 헌법이 확립한 국가정치제도와 사회의 전반적 안정	내정 불간섭
국가안보	-	상호 불가침, 평화공존
국가발전이익	경제사회의 지속가능한 발전을 위한 기본보장	호혜평등(상호 이익 평등)

• 자료: 저자 작성.

표 6-2 **국가핵심이익과 평화공존 5원칙 비교**

중국공산당 전국대표대회 보고	키워드		
	화평발전 (和平发展)	중국몽 (中国梦)	중화민족의 위대한 부흥 (中华民族(的)伟大复兴)
16대(2002.11.08.)	0	0	9
17대(2007.10.15.)	9	0	5
18대(2012.11.08.)	10	0	7
19대(2017.10.18.)	7	13	27
20대(2022.10.16.)	1	3	11

● 자료: 중국공산당 전국대표대회 보고 내용을 바탕으로 저자 작성.

중국 국가전략의 기치가 화평발전에서 중화민족의 위대한 부흥으로 바뀌면서 국가핵심이익이 점차 화평발전이 아닌 중화민족의 위대한 부흥 맥락에서 논의되고 있는 것이다[표 6-2] 참조).

이상의 결과는 한편으로는 중국이 '화평'보다는 '발전'에 중점을 둔 중국몽의 길을 추구할 가능성이 높아졌음을 의미하고, 다른 한편으로는 중국의 강대국화 '의지(will)'에 더해 '의도(intention)'가 더 명확해졌음을 시사한다. '현상유지-수정주의' 측면에서 살펴보면, 후진타오 집권 시기 중국은 화평굴기와 화평발전론을 토대로 현상유지를 강조한 평화적 부상 의지를 내비친다. 수정주의 정책을 펼칠 수 있다는 의도가 내포되어 있지만 그 비중이 크지 않았다. 하지만 시진핑 집권 시기에 들어 전체 의도 중 수정주의 요소가 차지하는 비중이 높아지고 있다. 실제로 시진핑 집권 시기에 들어 중국은 중국몽으로 대변되는 중화민족의 위대한 부흥을 국가 목표로 삼고 있고, 미국 등 강대국에 '신형대국관계(新型大国关系)'를 요구하였을 뿐 아니라 '신형국제관계

(新型国際关系)'를 구축하여야 한다고 주장한다. 이에 더해 '일대일로(一帶一路)'라는 구체적인 세력 확장 정책도 펼치고 있다. 중국이 설사 체재 내 국가로서 현존 국제체제에서 부상을 한다고 가정하더라도, 현존 국제체제의 권력관계 변화를 시도하는 것을 의미하기 때문에 상대국의 입장에서는 수정주의 행태로 인식(perception)할 수밖에 없다. 대중국 편승(bandwagoning) 전략을 선택한 국가가 아닌 이상 중국 강대국화의 의도보다 행태가 가져올 변화에 더욱 주목할 수밖에 없기 때문이다.

중국의 강대국화 의지가 확실한 상황에서 수정주의 의도 정도를 떠나 '상대적 이익(relative interest)'의 성질을 보이는 국가핵심이익 정책을 지속적으로 추진한다면, 현 국제체제의 패권국가인 미국과 경쟁하거나 충돌할 수밖에 없다. 중국의 급속한 부상으로 미중 간 종합국력 격차가 줄어든 상황에서 현 국제체제의 규범(norms), 규칙(rules), 원칙(principles) 그리고 의사결정 절차(decision making procedures) 시스템에 대한 불만(dissatisfaction)이 높아졌다고 판단할 수 있기 때문이다. 즉, 패권국가와 신흥도전국의 상대적 국력 격차 감소로 '불확실성(uncertainties)', '불안정성(insecurities)', '불만'이 높아지고 결국 세력 전이를 위해 도전국의 도발이나 이를 사전에 막기 위한 패권국의 '예방전쟁(preventive war)'이 발생할 수 있다는 것이다. 또한, 그 과정에서 주변국은 중국의 공세적 대외정책의 압박을 지속해서 받게 될 것이다. 특히, 중국과 경제적 상호의존도가 높은 미국의 동맹국은 미중 양국 사이에서 '전략적 딜레마' 상황에 봉착할 수밖에 없다.

2
원칙에 입각한 '구동화이' 관계 구축 필요

2-1 한중관계 30년, 관계 내실화 정착 전 내우외환 직면

● 상이한 정치·안보체제 불구, 활발한 교류협력 추진

1992년 수교 이래 한중관계는 상이한 정치·안보체제와 한국 전쟁의 상흔에도 불구하고 경제적 상호의존과 인문 교류를 바탕으로 '전략적' 관계로까지 발전한다. 한국은 한미동맹을 근간으로 하는 안보정책을 유지하는 가운데서도 중국의 부상에 대해 균형(balancing)이 아닌 적극적인 헤징(active hedging) 전략을 채택한다. 중국 또한 북중동맹 변수가 존재하는 상황에서도 적극적인 동반자관계(伙伴关系) 외교를 통해 한국과의 관계를 격상시켜 나간다. 한중 양국은 1998년 기존의 '선린우호협력관계(睦邻友好合作关系)'를 '21세기를 향한 협력동반자관계(面向21世纪的合作伙伴关系)'로 발전시키면서 실질적 '정상화'를 이룬다. 2008년에는 2003년에 맺은 '전면적 협력동반자관계(前面合作伙伴关系)'를 '전략적 협력동반자관계(戰略合作伙伴关系)'로 격상시킨다〔그림 6-1〕 참조).[3] 15년 만에 ① 지역적·세계적 차원으로의 협력 범위 확대, ② 군사·안보 분야까지 포괄, ③ 현안 대응뿐만 아니라 중·장기적 발전을 지향하는 관계로 발전한 것이다.[4]

실제로 한중 양국은 정치부터 사회문화까지 전 분야에서 교류협력이 증가한다. 우선, 정부와 의회 간 인적교류가 꾸준히 이루어진다. 주중국대한민국대사관 자료에 의하면, 2023년 12월 말 기준, 코로나19 기간 네 번의 전화 통화를 포함 총 53회의 양자 혹은 다자 정상회담이 성사된다. 총리 이상급 교류도 총 43회 이루어진다. 고위급 회담 못지않게 주목할 교류는 외무장관 회담이 총 133차례 개최된 사실이다. 코로나19가 발생한 이후에도 화상통화를 포함 다자무대에서 총 7회 회담이 성사된다. 즉, 매년 평균 4.5회 장관급 교류가 이루어질 정도로 긴밀한 소통을 이어왔음을 알 수 있다. 한중 양국 간 의원외교도 꾸준히 진행된다. 2023년 12월 말 기준, 코로나19 기간 화상 회담 3회 포함 총 150회 상호 방문(방중 89회, 방한 61회)이 이루어진다.[5] 지방정부 간 교류협력 또한 독자적으로 활발히 추진된다. 2022년 12월 대한민국 시도지사협의회 지방외교 자료 기준, 한중 지방정부 간 자매·우호도시 협정 체결은 총 697건으로 전체의 약 38.0퍼센트를 차지한다. 한일 지방정부 간 약 11.6퍼센트, 한미 지방정부 간 약 10.0퍼센트인 점을 감안하면 한국의 도시외교는 대중국 교류협력을 중심으로 발달해 왔다고 평가내릴 수 있다.[6]

양국 관계의 버팀목 역할을 한 경제 분야는 중국의 경제적 부

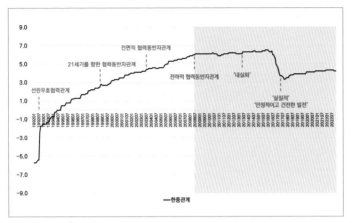

그림 6-1 **한중관계 발전 추이**

- 주1: 대항(-9~-6), 긴장(-6~-3), 불화(-3~0), 보통(0~3), 양호(3~6), 우호(6~9) 의미함.
- 자료: http://www.tuiir.tsinghua.edu.cn/kycg/zwgxsj.htm(清华大学国际关系研究院 홈페이지) 참고로 저자 작성.

상에 따라 보완적 협력자에서 경쟁적 협력자 관계로 변천해 오는 외중에도 규모의 확대를 이룬다(表 6-3) 참조). 양국 무역 규모는 1992년 약 64억 달러에서 2022년 약 3,104억 달러로 약 48.5배 증가한다. 중국의 한국에 대한 투자는 1992년 105.6만 달러에서 2022년 14.8억 달러로 늘어나고, 한국의 대중국 직접 투자액은 1992년 1.4억 달러에서 2022년 85.4억 달러까지 급증한다.[7]

경제교류의 확대만큼 인적 교류도 활발히 이루어진다. 한국관광공사 자료에 의하면, 양국 방문자 수는 2016년 역대 최고치인 약 1,284만 명을 기록한다. 이는 1994년 약 37.5만 명 대비 약 34배 증가한 수치이다. 이 기간 방한 중국인은 1994년 140,985명에서 2016년 8,067,722명으로 약 57.2배 급증하고, 방중 한국인은 1994년 233,675명에서 2016년 4,775,300명으로 약 20.4배 늘

어난다.[8]

냉전 시기 적대관계였던 한중 양국이 단기간에 '전략적' 관계

표 6-3 **한중 경제 협력 단계별 현황과 특징**

구분 시기	협력기반 구축 단계 (1992~2001)	협력 심화·확대 단계 (2002~2012)	협력 내실화 단계 (2013~2020)

환경 변화	- 외환위기
	- 중국경제 고속 성장기
		- 중국 WTO 가입
		- 중국 고속 성장
		- 글로벌 금융위기와 내수
		  중심 성장 전략
			- 한중 FTA 발효
			- 사드배치
			- 공급측 구조개혁, 중국제조
			  2025, 중속 성장기 진입

교역 규모	- 연평균 증가율 21.6%	- 연평균 증가율 22.0%	- 연평균 증가율 1.9%
교역 특징	- 무역 불균형	- 무역 불균형 확대	- 무역 불균형 축소
	- 상품무역 중심 교역 - 가공무역 - 소비재 수입대체	- 상품과 서비스 무역 확대 - 가공무역 → 일반무역 - 중국 중간재 수입 대체	- 서비스 무역 성장 - 일반무역 확대 - 중국 부품·소재 수입 대체
투자 규모 (신고금액)	(한 → 중, 달러) 1.4억 → 6.9억	(한 → 중, 달러) 11.6억 → 42.7억	(한 → 중, 달러) 52.3억 → 51.2억
	(중 → 한, 달러) 105.6만 → 6,959.1만	(중 → 한, 달러) 2.5억 → 7.3억	(중 → 한, 달러) 4.8억 → 19.9억
투자 특징	- 한국의 일방적 중국 직접 투자	- 중국 기업의 한국 진출	- 상호 직접투자 확대 - 상호 자본시장 투자 확대

	- 중소기업 중심
	- 연해 중심
	- 단독 투자
		- 대기업 중심
		- 대기업과 중소기업
		  동반 진출
		- 연해, 중서부 진출 확대
		- 합자 진출 확대
			- 대기업과 기술 집약형
			  중소기업
			- 중서부 지역 투자 확대
			- 첨단 부품과 소재, R&D 및
			  신산업, 서비스업
			- 합자, 지분 인수 등

산업 협력	- 전통 제조업(경공업,
	  전기전자, 철강, 석유화학)
	- 소비재 수출 산업화
		- 전통 및 첨단 제조업(ICT,
		  자동차, 반도체, 무선통신)
		- 중간재 수입대체 추진
			- 신성장동력 산업
			- 중국 전통 산업의 수입대체
			  및 해외투자 확대

협력 모델	- (한국)자본, 기술 +
	  (중국)노동력
	- 보완적 협력자
		- (한국)기술 + (중국)시장
		- 보완적 협력자
			- (한국)기술 + (중국)자본,
			  기술, 시장
			- 경쟁적 협력자

• 자료: 양평섭, 「무역·투자」, 성균중국연구소 엮음, 『한중수교50년사』(서울: 성균관대학교 출판부, 2017),
pp.81~82; http://www.motie.go.kr/www/main.do(산업통상자원부 홈페이지), https://www.
koreaexim.go.kr/site/main/index001(한국수출입은행 홈페이지).

로 격상될 수 있었던 이유는 구조적 원인(역사적·지정학적 특징), 기능적 동인(경제협력) 그리고 환경변수(미국과 북한 요인) 등이 복합적으로 작용하였기 때문이다.[9] 특히, 방법론적으로 '구동존이(求同存異)'로 표현되는 자유주의적 접근법을 채택하면서 협력 공간은 넓히면서 갈등 요인을 전략적으로 '회피'한 것이 주요하였다고 할 수 있다.

● 연속된 북한 이슈와 드러난 한중 전략적 관계의 '민낯'

한중 양국의 양적 발전 이면에는 문화적 동질성과 경제적 상호의존을 바탕으로 정치적 신뢰 관계를 구축하겠다는 전략적 의도가 내포되어 있다. 양국 간 정치체제가 상이하고 냉전 시기 다른 두 진영에 속했던 만큼 자유주의적 접근법을 선택할 수밖에 없었던 측면이 있었다. 문제는 2010년부터 발생한 '천안함 침몰'과 '연평도 포격 사건', '4차 북핵실험과 한중 정상간 핫라인 불발', '사드배치와 경제보복' 등 일련의 외교·안보 사건을 거치면서 하위정치(low politics)에서 상위정치(high politics)로의 '상향식(bottom-up)' 확대 및 심화 접근법이 '아시아 패러독스(Asia paradox)' 덫에서 벗어날 수 없다는 것이 증명되었다는 슬픈 사실이다.

2010년 천안함 침몰과 연평도 포격전은 중국의 한반도 두 정권에 대한 인식 차이를 확인할 수 있었던 사건이다. 한국 입장에서는 중국의 북한 편향적인 태도로 인해 한중수교 당시 품었던 북한 이슈를 둘러싼 중국의 전향적 태도에 대한 기대감이 무너지게 된 이슈이다. 특히, 2010년 11월 발생한 연평도 포격 사건

표 6-4 **2010년 한중관계와 천안함 침몰, 연평도 포격 사건의 시사점**

사건	집권 시기	한중관계	양국 입장	
				사건 시사점
천안함 침몰 연평도 포격	이명박 (2008~2013)	전략적 협력 동반자 관계	한국	북한 소행, 중국의 전향적 태도 기대
			중국	북한 비호, 동북아 안정 중시
			한중	'정경분리' 접근과 전략적 협력 관계 간의 충돌
	후진타오 (2003~2013)		한국	중국의 강대국화 차원에서의 한중관계 진단 필요
			중국	자국의 부상과 미중 패권 경쟁을 더욱 중시
			중국	서방 세력의 관여 차단이 핵심

• 자료: 이민규, 「정치외교: 짙어진 미중관계 종속화와 '구동화이' 접근 필요」, 한신대학교 유라시아연구소 엮음, 『한중 수교 30주년: 성찰과 대안』(오산: 다해, 2022), p.68 수정·보완.

은 휴전 협정 체결 이후 북한이 한국의 육상 영토를 직접 타격한 최초의 사건이자 공격 주체가 명확했음에도 불구하고, 중국이 천안함 침몰 사건 때와 별반 다르지 않는 입장을 보이면서 한국의 실망감은 배가된다([표 6-4] 참조).[10]

2016년 제4차 북핵실험과 한중 정상 간 군사 핫라인 불발은 한중 양국의 북핵 이슈에 대한 극명한 전략적 입장 차이가 드러난 사건이다. 밝혀진 더욱 중요한 사실은 중국이 북핵 문제의 해결 파트너로 한국을 인정하지 않았다는 점이다. 당시 사드(THAAD·고고도미사일방어체계)배치 이슈라는 변수가 있었다는 점을 감안하더라도, 중국이 북한을 여전히 전통적인 지정학적 관점, 즉 '완충국(buffer zone)'으로 인식하고 있었음이 드러났다고 할 수 있다. 다른 시각에서 분석해 보면, 중국이 북한 편향적인 '등거리 외교'를 펼쳤을 만큼 북중동맹을 한중 전략적 협력동반자 관계보다 더욱 중시하였다는 것을 재차 확인할 수 있다.[11] 더욱 심각한 문제는 이 사건을 계기로 북방 삼각과 남방 삼각 간 대립 구조의 그림자가 여전히 한반도에 짙게 드리워져 있다는 것이 확인되었다는 사실이다. 2016년 1월 11일까지의 반복된 시도에도 불구하고 한중 양국 간 핫라인이 성사되지 못하였던 것에 반해, 1월 7일 버락 오바마(Barack Obama) 미국 대통령과는 20여 분간, 아베 신조 일본 총리와는 15분간 전화 통화가 이루어진다.[12] 이와 대조적으로 2016년 5월 6일 중국은 김정은을 위원장으로 선출하는 제7차 조선노동당 대회에 축전을 보냈을 뿐만 아니라, 6월 1일 북한 노동당 중앙위원회 부위원장인 리수용이 방중하였을 때 핵실험과 같은 군사·외교적 문제를 논의하지 않는다.[13]

사드배치 이슈는 미중 패권 경쟁과 이로 인한 한국의 전략적 딜레마 우려가 현실이 된 사건이다. 중국이 남·북한 사이에서 확연히 북한 편향적인 '등거리 외교'를 보여주었던 것에 반해 한국은 안미경중(安美經中) 상황에서 유지해 왔던 '전략적 모호성'

표 6-5 **2016년 한중관계와 정상 간 핫라인 불발 사건의 시사점**

사건	집권 시기	한중관계	양국 입장	
				사건 시사점
정상 간 핫라인 불발	박근혜 (2013~2017)	전략적 협력 동반자관계 '내실화'	한국	중국과 전략적 소통 기대
			중국	북한 편향 '등거리 외교'로 북한 자극 최소화
			한중	안보 분야 실질적인 전략적 소통 불가 수준
	시진핑 (2013~현재)		한중	북방 삼각과 남방 삼각관계 여전히 존재
			한국	'정경분리' 접근에 부합하는 북중관계 판단 필요
			중국	북한을 '완충국'으로 인식, 미중 패권경쟁 시대 북중 동맹의 전략적 가치 중시

• 자료: 이민규, 「정치외교: 짙어진 미중관계 종속화와 '구동화이' 접근 필요 」, 한신대학교 유라시아연구소 엮음, 『한중 수교 30주년: 성찰과 대안』(오산: 다해, 2022), p.72 수정·보완.

의 한계에 직면하게 된 것이다. 사드배치 이슈로 인해 한편으로는 한국이 혈맹인 미국과 전략적 협력동반자관계인 중국 사이에서 양자택일을 강요받는 '샌드위치' 상황에 놓이게 되고, 다른 한편으로는 한중 전략적 관계의 '민낯'이 여실히 드러나게 된다. 전자와 관련하여 한국이 주목할 부분은 중국의 대한국 안보 인식, 특히 한미동맹 성질 변화에 대한 입장 전환이 전략적 딜레마를 지속해서 심화시킬 수 있다는 점이다.[14]

중국 입장에서 한국의 사드배치 결정을 미국이 1980년대부터 지속해서 요구해 온 미사일방어체계(missile defense, 이하 MD)로의 편입을 의미하는 것이라면, 논란이 되었던 군사적 효용성 이상을 의미한다. 이는 한미동맹을 전통적인 대북 억지 동맹에서 주변국 견제를 위한 지역동맹으로 전환시키겠다는 것으로 해석될 수밖에 없기 때문이다. 더 나아가 중국이 지속해서 우려를 표명한 한미일 대중 견제 삼각동맹 형성 가능성이 높아졌음을 의미하기 때문이기도 하다.[15] 중국 입장에서 2010년과 2012년 두 차례 센카쿠 열도 분쟁 이후 미일동맹 강화를 통한 자국 견제가 노골화된 상황에서, 한국의 사드배치 결정과 2016년 11월 23일 한일군사정보보호협정 체결은 본격적인 삼각동맹 구축으로 비칠 수밖에 없다.[16] 실제로 중국의 이러한 우려는 2017년 10월 한중 양국 합의문에 고스란히 반영된다. 중국은 MD구축, 사드 추가 배치, 한미일 군사협력 '금지'를 문서화하여 한국에 '족쇄'를 채워버린다.

미중 사이에서의 전략적 딜레마만큼 불거진 논쟁은 취약한 한

표 6-6 **2016년 한중관계와 사드배치 이슈의 시사점**

사건	집권 시기	한중관계	양국 입장	
				사건 시사점
사드 배치	박근혜 (2013~2017) 문재인 (2017~2022)	'실질적' 전략적 협력 동반자관계	한국	북핵 문제로 인해 배치 불가피, 한중관계 최상
			중국	마지노선 침해, 미국 MD체제 편입과 반중 연합 형성
			한중	미중관계 종속화 현실화
	시진핑 (2013~현재)		한국	미중 사이 전략적 딜레마 가중 및 지속 가능
			한국	'구동존이' 전략 한계 도달, '안미경중' 리스크 증가
			중국	화평발전노선의 전제는 국가핵심이익 존중
			중국	미국 MD체제와 한미일 삼각 동맹 형성 경계

● 자료: 이민규, 「정치외교: 짙어진 미중관계 종속화와 '구동화'에 접근 필요」, 한신대학교 유라시아연구소 엮음, 『한중 수교 30주년: 성찰과 대안』(오산: 다해, 2022), p.83 수정·보완.

중관계 현실이다. 2016년 7월 사드배치 공식 발표 이후 2017년 2월 일부 소통 경로가 재개되기 전까지 한중 양국 정부 간 대부분의 공식 채널이 작동하지 않는다.[17] (비)공식 소통 채널의 전면적 가동을 통해 위기관리를 해야 하는 상황에서 위기외교가 제대로 작동하지 않은 것이다. 문재인 정부 출범 이후 한국 정부가 중국과의 관계 개선을 적극적으로 모색한 것에 반해, 중국이 문제 해결 특히 자국의 국가이익 수호를 우선하였던 점 또한 2013년 6월 한중 정상회담에서 전략적 협력동반자관계를 '내실화'하겠다는 합의를 무색케 한다.

한국 입장에서 이상의 이슈들은 중국에 대한 혹은 한중관계에 대한 '희망적 사고(wishful thinking)'를 단계적으로 깨트린 사건이었다고 할 수 있다. 한국 정부가 북방외교를 적극 추진했던 주요 이유 중 하나로 국위 선양과 함께 긴장 완화 및 통일을 위한 협상 테이블로 북한을 유도하려는 전략적 의도가 이면에 깔려 있었기 때문이다.[18] '중국은 북한을 제어할 수 있는 유일한 나라'라는 인식으로 인해 보수와 진보를 막론하고 역대 한국 정부가 중국과의 관계 개선에 노력한 이유였다고 할 수 있다.[19]

● 높은 경제적 상호의존도 부담으로 작용

2000년대 이후 외교·안보 분야뿐 아니라 '구동존이' 전략으로 인해 회피하였던 모든 분야 문제가 수면 위로 떠오르기 시작한다. 역사·문화 갈등은 동북공정을 시작으로 이슈를 달리하며 지속해서 발생하고 있고, 중국의 경제보복과 미중 무역·기술 전쟁으로 높은 경제적 상호의존도는 부담이 되고 있다.[20]

경제협력은 한중수교 이래 '다름이 많은' 양국을 끈끈하게 이어준 중요한 연결고리이자 촉매제 같은 역할을 하였다. 냉전 시기의 적대관계를 청산하고 수교를 결정한 주된 이유이자 양국의 외교·안보 전략의 조정과 협력을 기대케 했던 요인이다. 양국 간 경제협력을 통한 발전 활로 개척은 수교 과정에서 한국은 대만과의 단교를, 중국은 북한과의 갈등을 감수하게끔 하였다. 중국에게 있어 한국은 외자 유치뿐만 아니라 중간 단계 기술(medium-level technologies)을 획득할 수 있는 좋은 대상이었고, 한국에게 있어 중국은 글로벌 분업구조 내 포기하기 어려웠던 거대 시장이었다.[21] 지속적인 제도화를 통한 경제 상호의존도 심화는 단순히 경제적 이익 창출을 넘어, 양국 사이 갈등과 분쟁이 발생하였을 때 관계 개선을 위한 방안이자 출구로 제시되기까지 하였다. 민감한 외교·안보 현안을 전략적으로 회피한 '구동존이' 사고의 발현이라 할 수 있다. 하지만, 이러한 자유주의적 접근법은 중국의 경제보복과 미중 무역·기술 전쟁 등을 겪으면서 '구동'이 '존이'를 제어할 수 없다는 현실주의자들의 주장이 맞았다는 것이 증명되고 만다. 더 나아가 높아진 경제적 상호의존 관계가 부담으로 작용하고 있다.

사드배치 이슈로 인해 한국 역시 중국의 경제력을 바탕으로 하는 공세적 대외정책의 대상이 될 수 있다는 우려가 현실이 된다. 중국 정부의 부인에도 불구하고 한국 기업과 특정 산업에 대한 보복 조치가 전방위적으로 단행되었다.[22] 물론 관련 연구에서 밝혀진 것처럼, 중국의 경제보복이 한중경제 협력 혹은 한국 경제에 끼친 영향은 상당히 제한적이다.[23] 하지만 주의가 필요한 부분은 중국 경제보복의 특징이 경제적 피해가 아닌 '정치적 길들이기'에 있다는 것과, 단기적·제한적이라는 점이다. 실제로 한국 사례에서도 중국의 일반적인 경제보복 특징이 대부분 나타났다. 이뿐만 아니라 한국의 전략적 운신의 폭이 좁아지고, 중국의 '눈치'를 보게 되는 등 '길들어진' 모습까지 보인다. 가령, 2019년 8월 미국이 중거리핵전략조약(Intermediate-Range Nuclear Forces Treaty, INF)을 탈퇴한 이후, 지상 발사형 중거리 미사일을 아시아에 배치할 계획을 검토 중이라고 발표하자, 중국의 경제보복 가능성을 염려하는 언론과 전문가 예측이 보도된다.[24] 2021년 11월 요소수 대란 문제가 불거졌을 때도 이를 중국의 경제보복과 연결시켜 접근하는 언론 보도가 나온다.[25] 2023년 중국발 요소수 수급 위기설이 불거지면서 경제보복 논란이 재차 제기되는 등 철저하게 '부정적 학습(negative learning)'이 이루어졌음이 증명된 것이다.[26]

미중 간의 패권 경쟁이 1979년 양국 수교 이래 협력의 견인차 역할을 했던 경제 분야로까지 확장되면서 한국의 미중 사이에서의 전략적 딜레마 역시 또 다른 국면으로 전환된다. 미중 사이에 시장개방과 국제무역 규범 및 제도 준수 등을 둘러싸고 무역전쟁이 발생하면서 한국의 한중 경제협력 부담이 가중된다.[27] 일차적으로 2018년 기준 중국(약 1,621.25억 달러)과 미국(약 730.44억 달러)은 한국의 1, 2위 수출국으로, 미중 무역전쟁이 장기화될 경우 한국 경제에 끼치는 부정적 영향은 확대될 수밖에 없다. 한국의 대중국 수출이 중간재(79.5퍼센트)와 자본재(16.6퍼센트) 비중이 높고, 2017년 이후 대중국 수출의 약 80.0퍼센트가 중국에서 가공되어 미국 등 제3국으로 재수출되고 있기 때문이다.[28] 이뿐만 아니라 핵심 광물 33종 중 3대 수입국 안에 중국이 포함된 것이 25종이나 된다는 것 또한 언제든지 중국발 공급망 리스크가 발생할 수 있음을 의미한다.[29]

미중 무역전쟁이 한국에게 던진 숙제는 단순한 경제적 손실의 문제가 아니다. 국제무역 규범과 제도 이슈는 미래 기술과 직결된 사안이자 미중패권 경쟁의 향방을 결정짓는 요인으로 미중 양국으로부터 언제든지 선택을 강요받을 수 있다. 군사·안보와 직·간접적으로 관련된 기술 이전에 대한 제재는 물론 미중 양국이 '자국 중심적으로' 구축하고자 하는 글로벌 가치사슬(GVC)로의 편입을 '강제' 당할 수 있는 것이다. 특히, '안미경중' 관계를 구축해 온 한국 입장에서는 "중국의 저렴하고 경쟁력 있는 기술 및 장비 도입"과 "미국의 한반도의 안보환경을 염두에 둔 국가 사이버 안보 또는 데이터 안보" 중 양자택일을 해야 하는 상황에 봉착하게 되었음을 의미하기 때문이다.[30]

● 한중 역사와 문화 갈등, 이슈 달리하며 지속 발생

사회문화 교류는 경제협력 못지않게 한중관계 발전의 밑거름 역할을 한 분야이다. 정치적으로 덜 민감하고 직접적인 감정교류를 할 수 있다는 특징으로 인해 수교 초기부터 적극적으로 추진된다. 한중 양국은 수교 초기부터 안정적이고 체계적인 교류협력이 이루어질 수 있도록 관광, 교육에서부터 대중문화 분야까지 제도적 기틀을 마련한다.[31] 또한, 양국 모두 공공외교를 정부 차원에서 전략적으로 추진하면서 상호 이미지 제고를 기대케 했다. 중국 정부는 2004년을 기점으로 '새로운 중국 공공외교 전략(a new Chinese public diplomacy strategy)'을 수립하고, 공공외교를 '소프트 파워'를 강화하고 중국위협론에 대응하기 위한 국가 전략의 구성요소로 규정한다.[32] 한국 역시 범정부적·범국민적 차원의 통합적이고 체계적인 공공외교 추진을 위해 2016년 2월 「공공외교법」(2016년 8월 4일 발표)을 제정하고, 2017년 "제1차 대한민국 공공외교 기본계획[2017-2021]"을 수립한다.

제도적 기반 마련을 통한 한중 양국의 사회문화교류는 한때 한국 내 '중국어 학습 열풍(汉语热)'과 중국 내 '한류(韩流)' 현상이 나타날 정도로 양국 관계 발전, 특히 서로에 대한 이미지 개선에 긍정적인 영향을 끼친다.[33] 하지만, 안타깝게도 기대와 반대로 한중 양국 국민의 강한 민족주의 정서에 더해 중국의 문화 부흥 정책 등으로 인해 역사와 문화적 동질성이 협력의 촉매제가 아닌 갈등의 요인으로 등장하게 된다. 양국 간 긍정적 이미지 못지않게 고대부터 냉전 시기까지 형성된 서로에 대한 부정적 이미지가 존재하고 있다는 사실을 간과한 대가라고 할 수 있다. 중국인이 가지고 있는 고대 중화 질서에 대한 자부심과 '백년 굴치(百年国耻)'로 까지 평가되는 근대 역사가 남긴 수치심 그리고 개혁개방 이후 급속한 경제성장이 낳은 굴기에 대한 자신감이 혼합되어 형성된 민족주의 정서와 그 여파의 영향은 크다. 한국 역시 산업화와 민주화 성과를 토대로 한 상대적 우월감이 무시할 수 없는 수준이다. 즉, 강한 민족주의 정서를 가진 양국 국민은 자연적으로 비슷함에서 다름을 찾고자 하였고, 결과적으로 양국 관계 발전의 걸림돌이 되고 만다.[34]

더욱 우려스러운 현상은 한중 역사와 문화를 둘러싼 갈등이 정부와 학계 간 분쟁을 넘어 대중매체를 매개로 민간으로 확대되고 있다는 점이다. [표 6-7]에서 알 수 있듯이, 한중 양국 국민의 상호이해 증진과 호감도 형성에 큰 역할을 담당했던 드라마, 예능 프로그램 그리고 유튜브 방송 내용이 '문화 비하'와 '역사 왜곡' 논란의 중심에 서고 있다. 수교 이후 한국과 중국에서 단계별로 상대국의 드라마가 큰 인기를 얻으면서 우호적 이미지

표 6-7 **한중 간 대표적인 사회문화 갈등 사례**

일시	갈등 사례	대중매체
2003년	동북공정	
2005년	강릉 단오제 유네스코 등재	
2006년	동북공정	
2007년	(창춘 동계아시안게임 시상식) 한국 여자 쇼트트랙 선수들의 '백두산은 우리땅' 퍼포먼스	
2008년	공자 한국인설(設) 설전	
	베이징올림픽 성화 봉송 폭력 사태	
	SBS 베이징 올림픽 개막식 리허설 사전 보도	○
2010년	첨단 정보기기 한글 자판 국제표준화 논란	
2011년	아리랑 중국 국가무형문화 유산 등재	
2016년	대만 출신 아이돌 가수의 '청천일백기' 사건	○
	KBS 드라마 '무림학교' 인민폐 소각 장면	○
2020년	MBC '놀면 뭐하니?', '마오 어때요' 발언	○
	BTS의 한국전쟁 관련 밴 플리트상(Van Fleet Award) 수상소감	○
	중국 모바일 게임 샤이닝니키, 한복 왜곡 논란	
2021년	중국 유명 유튜버 리쯔치(李子柒), 김치를 중국 음식으로 소개	○
	tvN 드라마 '빈센조', 중국 브랜드 비빔밥 PPL 논란	○
	SBS 드라마 '조선구마사' 역사 왜곡 논란으로 폐지	○
2022년	베이징 동계올림픽 개막식 조선족 한복 논란	
	한·중·일 고대 청동기 유물전 연표 논란	

• 주: 2017년 이후 사드배치 이슈로 발생한 사회문화 갈등은 미포함.
• 참고: 이민규, 『한국인의 대중국 기대심리와 반중 정서: 서울시 대중국 도시외교 시사점』(서울: 서울연구원, 2023), p.43.

형성에 결정적 역할을 했던 대중문화가 갈등의 대상('정치화')으로 변질되어 버린 것이다. 한중 양국의 민족주의 감정을 자극하고 상대국을 '악마화'하는 여론전을 자제해야 한다는 주장이 제기되고 있다는 것 자체가 이미 '심각한 수준'에 도달하였다는 것을 방증한다고 할 수 있다.[35]

그 결과 한국인의 대중국 이미지는 양국 관계 '객관적 현황'

과 '주관적 인식' 사이에 큰 갭이 존재한다고 평가될 정도로 부정적으로 변한다. 실제 양국 관계보다 인식이 더욱 악화된 것이다. 2021년 퓨 리서치센터(Pew Research Center)의 대중국 이미지 여론조사 결과에 의하면, 한국인의 중국에 대한 호감도는 2002년 66.0퍼센트에서 2021년 22.0퍼센트까지 급감한다.[36] [그림 6-2]에서 알 수 있듯이, 중국 칭화대학교의 한중관계 지수가 2017년 9월 3.3까지 하락하지만 '양호(良好)'한 관계를 유지하고 있는 것과 대조적이다. 대중국 호감도가 22.0퍼센트까지 떨어지는 와중에도 '불화(不和, 0~-3)' 이하 척도(9~-9)'로 떨어지지 않은 것이다 (한중관계 지수와 대중국 호감도 간에 유의미한 상관관계가 존재하지 않음, r=0.278, p=0.236). 실제로, 서울대학교 통일평화연구원에서 실시한 "통일의식조사"에 의하면, 2021년 한중관계를 '경계 관계'로 대답한

그림 6-2 **한중관계 발전 추이와 한국인의 대중국 호감도 비교**

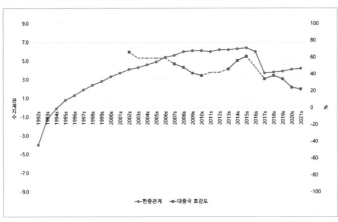

• 주1: 대항(-9~-6), 긴장(-6~-3), 불화(-3~0), 보통(0~3), 양호(3~6), 우호(6~9) 의미함.
• 자료: http://www.tuiir.tsinghua.edu.cn/kycg/zwgxsj.htm(清华大学国际关系研究院 홈페이지); https://www.pewresearch.org/global/database/(Pew Research Center 홈페이지) 데이터 분석을 바탕으로 저자 작성.

한국인 비율이 51.8퍼센트로 과반을 넘긴다. 더 이상 중국을 단순한 '경쟁 관계'로 인식하지 않는 것이다. 이와 관련하여 부정할 수 없는 사실은 '실질적 관계' 대비 '악화된 인식'은 한중관계를 왜곡시켜 정책 실패를 가져올 수 있다는 점이다. 관계 발전의 추진 동력을 상실하게 하는 것 또한 자명하다. 우호적인 대중국 정책이 국민의 지지를 얻지 못하고 국내 정치의 쟁점이 될 수밖에 없기 때문이다.[37]

2-2 국가이익에 입각한 '화이' 관계로의 전환 필요

한중관계 30년을 되돌아보면, 미중 패권 경쟁과 북핵 이슈 등 외부 구조와 변수 영향으로 양자 차원의 관계 내실화가 정착되기 전에 취약한 관계가 되어버린다. 2000년대까지 활발한 교류협력을 통해 양국 관계를 전략적 협력동반자관계로 격상시킨 한중은 2010년 전후부터 논란을 일으킬 만한 사건들이 연속적으로 발생하면서 우려를 자아내고 있다. 2000년대 초반 발생한 동북공정 이슈로 양국 국민 간 신뢰에 금이 간 상태에서 외교·안보 이슈까지 불거지면서 갈등의 실타래를 더욱 복잡하게 만들게 된다. 아이러니한 점은 전략적 관계로 격상된 이후 전략적 문제를 둘러싸고 갈등이 증폭되었다는 점이다. 한국전쟁 당시 서로 총을 겨누었던 사이임을 고려하면 당연하다고도 할 수 있다. 심지어 수교 이래 교류협력의 역사가 짧았던 만큼 이상적인 국가 관계를 요구할 수도 없다.

　문제는 정치·외교 분야뿐만 아니라 2000년대 이후 발생한 모든 분야의 문제들이 미해결 상태로 남아있다는 것이다. 역사·문

표 6-8 **한중관계 30년 비판적 진단**

구분	현황	주요 내용
정치외교	교류의 양적 팽창 대비 정치적 신뢰관계 구축 실패	**'구동존이' 전략 한계 표출** ● 북한 이슈에 대한 현저한 입장차 확인 - 중국의 전향적 태도에 대한 '기대감' 무너짐 　예) 천안함, 연평도 폭격사건 　예) 북핵 실험과 정상 간 핫라인 불발 ● 미중 사이 전략적 딜레마 '현실화' - 외부 변수로 인해 한중관계 더욱 취약해짐 　예) 사드배치
경제	높은 경제 상호의존도 부담으로 작용	**'구동'이 '존이' 해결 불가 증명** ● 중국의 경제보복 '일상화'와 위협 상존 - 대전략과 수반하는 대외정책 변화의 산물 　예) 사드배치 경제보복 ● '안미경중' 딜레마 심화 - 미중 '기술'경쟁과 '줄 세우기' 　예) 화웨이, 반도체 등
사회문화	문화적 '동질성' 협력의 촉매제가 아닌 갈등 요인으로 부각	**'구동'이 '존이' 갈등 심화** ● 강한 민족주의 정서로 역사·문화 갈등 지속 - '비슷함에서 다름'을 찾는 심리 강화 　예) 동북공정, 단오제 등 ● 대중매체 민족주의 정서 자극 - '사이버 민족주의' 현상 대두 　예) '인민폐 소각', '청천일백기' 사건 등 ● 상호 이미지 악화 - 사회문화 교류의 '소프트 파워' 기능 상실 　예) '반중', '반한' 현상

● 참고: 이민규·박은현, 『한중관계 30년 진단과 전환기 서울시 대중국 도시외교 전략』(서울: 서울연구원, 2021), p.61.

216 - 국가핵심이익

화 갈등은 이슈를 달리하며 지속해서 발생하고 있고('구동'이 '존이' 갈등 심화), 중국의 경제보복과 미중 무역·기술 패권 경쟁으로 높은 경제적 상호의존도는 부담('구동'이 '존이' 해결 불가)이 되고 있다.[38] 수교 이래 채택해 온 구동존이 전략이 수명을 다하였다고 할 수 있다. 더 큰 문제는 대부분이 중국의 부상 및 미중 패권 경쟁과 직결된 전략적·이념적·감성적 문제들로 향후 재발 혹은 새로운 문제로 변질되어 더 큰 갈등을 불러일으킬 수 있다는 점이다([표 6-8] 참조).[39]

미중 간 평화적 공존 혹은 평화적 세력 전이가 불가능한 것은 아니지만, 한국은 중화민족의 위대한 부흥을 내세운 중국의 강대국화에 기회와 위협, 두 가지 상황을 모두 염두에 두고 대중국 대외정책을 수립해야 한다. 국가핵심이익 개념과 관련 정책만

표 6-9 **한중관계 발전 방향**

발전 방향	주요 내용
'구동화이'로 전략적 방향 전환	· '문제 해결 중심'의 관계 구축 · 분야와 상관없이 문제 그 자체를 해결
위기관리 방안 수립	· 국가이익 체계 수립과 마지노선 설정 · 충돌 가능 이슈 · 위기관리 방안 구성요소
투 트랙 공공외교 추진	· 우호적 상호 이미지는 신뢰 구축의 밑거름이자 '화이' 정책 추진의 내적 동력 · 진단에 기반한 투 트랙 공공외교 추신
다층 거버넌스와 멀티 소통 채널 재구축	· 멀티 소통 채널 진단과 재구축 · 층위 별 교류 기제화와 상호 시너지 효과 위한 역할 분담

* 참고: 이민규, 「정치외교: 짙어진 미중관계 종속화와 '구동화이' 접근 필요」, 한신대학교 유라시아연구소 엮음, 『한중수교 30주년 성찰과 대안』(경기: 다해, 2022), pp.86-90 수정·보완.

을 중심에 놓고 본다면 기회보다 위협에 방점을 둔 대중국 대외정책을 수립하는 것이 더 이성적 판단이라고 하겠다. 중국 입장에서 국가핵심이익 수호를 위한 '방어적' 힘의 투사라고 할지라도 상대국은 기존 질서를 변경하는 형태로 인식할 수밖에 없기 때문이다. 물론, 중국 강대국화 과정에서 파생될 수 있는 발전의 '기회'를 포기하자는 말은 아니다. 덩치 큰 이웃을 일부러 적으로 만들 필요도 없다. 그보다 급변하는 국제정세 변화 속에서 지난 30년의 한중관계를 비판적으로 되돌아보고, '희망적 사고'가 아닌 '최악의 상황을 가정한 판단'과 함께 '거안사위(居安思危)' 하는 태도로 접근하자는 것이다([표 6-9] 참조).

● 구동화이 관계로 점진적 전환

한중 양자 관계를 '문제 해결 중심'으로 발전시켜 '구동화이(求同化异)'를 점진적으로 실현한다.[40] '구동'이 '존이' 문제를 해결해 줄 수 없다는 것은 지난 30년의 한중관계에서 증명이 되었다. 갈등이 아닌 협력 공간을 넓히기 위해 '정경분리'를 표방하면서도 자유주의적 접근법을 통해 북한 관련 이슈에서 중국의 적극적인 협력을 이끌어내고자 했던 것이 '희망적 사고'의 발현이 아니었는지 반추가 필요하다. 평시에 '정경분리' 접근법을 강조하다가 위기 상황이 발생하였을 때 외교·안보 분야에서 '우호적인' 혹은 최소한의 '중립적'인 입장을 기대하는 것에 논리적 모순은 없는지 점검할 필요가 있다는 것이다.[41]

민감한 정치·안보 이슈를 전략적으로 회피해 온 사고방식의 전환도 이루어져야 한다. 양국 간 정치·안보 분야 이슈가 발생하였을 때 해결 방법으로 경제협력을 강화하자는 주장이 더 이상 현실성이 없게 되었다. 사회문화 교류협력을 강화하자는 주장 또한 해결 방안이 될 수 없다는 것을 인지해야 한다. 이는 역으로 경제 분야 분쟁을 단순히 정치적 합의와 사회문화 교류 강화를 통해 '덮으려는' 시도 역시 더 이상 고려되지 않아야 한다는 것을 포함한다. 다르게 표현하면, 분야와 상관없이 문제 그 자체를 해결하고자 하는 노력을 해야 한다는 것이고, 그 전제조건은 국가이익 체계 수립에 있다고 할 수 있다.[42] 국가이익 체계 수립 없이는 '화이' 대상 선별이 어려울 뿐만 아니라 제한적 자원의 효율적인 투입이 불가능하기 때문이다.

● 충돌 가능 이슈 선별과 위기관리 방안 수립

'구동존이'가 아닌 '구동화이'로의 전환 과정에서 일차적으로 고려되어야 할 것은 '화이'의 대상에 대한 선별과 이슈별 대응책 마련이다.[43] 작금의 취약한 양국 관계를 고려하였을 때 중·장기적인 정책 수립에 앞서 충돌 가능 이슈에 대한 위기관리 방안이 우선적으로 마련될 필요가 있겠다.

충돌 가능 이슈로는 역사 갈등을 포함한 미해결 상태로 남아 있는 문제와 기술, 인권, 영토 문제를 포함한 미중 갈등 이슈, 그리고 중국 국가핵심이익 관련 문제 등이 고려될 수 있다. 이 세 가지 범주의 이슈는 대부분 중국 국가핵심이익 관련 문제이자 '가능성'을 내재하고 있기 때문에 국가핵심이익 여부와 전략적 판단이 중요하다. 이와 관련하여 중국의 국가핵심이익 관련 이슈를 '회피'할 것인지, '협상 레버리지' 등으로 활용할 것인지를 일차적으로 결정할 필요가 있다. 만약 후자를 선택할 경우, 얻고자 하는 것이 명확해야 하고 정책의 일관성이 보장되어야 한다. '위험'에 상응하는 '이익'이 있어야 한다는 것이다. 다르게 표현하면, 국가이익 체계가 수립되어 '선후경중'이 명확히 정립되어 있어야 함을 의미한다. 만약 그렇게 하지 못할 경우, 중국의 아킬레스건이라 할 수 있는 국가핵심이익 관련 사안을 자극하여 '긁어 부스럼'을 만들 필요가 없다.

충돌 가능 이슈 선별과 함께 실질적인 위기관리 방안이 마련되어야 한다. 특히, 중국 국가핵심이익 관련 이슈를 '회피'하지 않는다면 복합적인 방안이 수립되어야 한다. 중국 국가핵심이익 관련 이슈에 직접적으로 대응할지 여부와 '채찍'과 '당근' 중 어떤 방식으로 협상력을 제고시킬지 전략적 판단이 필요하다. 이와 관련하여, 위기관리 방안의 효율성을 제고시키기 위해서는 앞서 언급한 정책의 일관성이 매우 중요하다. 특정 이슈에 대해 '무관심'과 '무대응'으로 일관하다가 갑자기 정책적 변화를 가져오게 된다면 그 효과가 반감될 수밖에 없다. 한중관계에서 자주 목격되는 '밀면 밀린다'는 잘못된 인식을 심어줄 수 있기 때문이다. 다른 한편, 실질적인 위기관리 방안 마련과 관련해서 ① 중국의 무력 사용 패턴, ② 경제보복 특징, ③ 협상 기술과 특징 등이 종합적으로 연구되어야 한다. 1949년 신중국 건국 이래 발생한 국가 간 위기 상황에서 중국이 단계별로 보인 특징에 대한 체계

적인 분석이 필요하다. 그중에서도 위기 단계 격상과 관계 정상화 조건에 대한 이해는 매우 중요하다.[44]

● 선전이 아닌 진단 기반의 투 트랙 공공외교 필요

관계 회복 측면에서 한중 양국의 공공외교 정책 방향을 재설정할 필요가 있다.[45] 한국 내 '반중 정서'는 객관적 한중관계에 부합하지 않을 뿐만 아니라 전 세계 다른 국가보다도 심각하다.[46] 이와 동시에 중국 내 '혐한(嫌韓)' 현상도 점차 심각해지고 있다. 2004년을 기점으로 중국 정부가 공공외교를 국가전략의 한 축으로 규정하며 국가 차원의 소프트파워 강화 정책을 펼치고 있고, 한국 정부 역시 2016년 2월 「공공외교법」까지 제정하는 등 국가 차원의 공공외교를 추진하고 있음에도 불구하고 양국 국민의 상호 이미지가 악화되고 있다는 것은 심각한 문제가 아닐 수 없다. 상대국을 '악마화'하는 현상까지 나타나고 있다는 점은 일시적 사회현상으로 치부할 수 없다.

우호적인 상호 이미지는 신뢰 구축의 밑거름이자 '화이' 정책 추진의 내적 동력이다. 중국이 이미 '전략적 전파', '인터넷 유언비어', '국가이미지' 등을 국가핵심이익 관련 이슈로 규정한 이상 일차원적인 공공외교를 지속해서 펼칠 수 없다. 공교롭게도 두 국가 모두 공공외교를 강조한 이후 상호 이미지가 더 나빠졌다는 사실을 주지해야 한다. 이는 공공외교만으로는 취약해진 양국 관계가 반영된 인식을 전환시킬 수 없거나 혹은 공공외교 정책 자체에 문제가 있다고 할 수밖에 없다. 이중 후자와 관련하여 '선전이 아닌 진단에 기반'한 공공외교가 추진되어야 한다는 진단은 현실적 어려움을 감안하더라도 지속적인 노력이 필요한 부분이다. 일반적으로 중국 공공외교 정책의 문제점으로 지적되는 자국의 우수한 점을 단순히 홍보하는 차원을 넘어, 부정적 이미지는 상쇄하고 긍정적 이미지는 형성될 수 있도록 상대방이 '원하는 것'에 기반 한 투 트랙 전략을 구사해야 한다는 점을 한중 양국 모두 인지하고 정책화시킬 필요가 있겠다. 이는 공공외교 정책 수립의 기본이자 성공적 실행의 전제조건이다.

● 다층 거버넌스 구축으로 복합적 외교 실현과 통일전선 전술 대비

관계 정상화의 중요한 축으로 2013년 6월 양국 정상 간 관계 '내실화' 차원에서 합의한 멀티 소통 채널이 제 역할을 할 수 있도록 진단과 함께 재구축이 필요하겠다.[47] 한중 양국 간 갈등이 발생하였을 때 소통 채널이 막히는 현상이 지속해서 목격되고 있다. 갈등의 주체였던 중앙정부 간 소통 채널뿐만 아니라 다른 층위의 채널 또한 제대로 작동하지 않거나 '통일된 목소리'를 내지 못하는 등 혼선을 빚는 모습도 자주 연출된다.

원활한 소통은 신뢰 구축의 기반이자 위기 상황 발생 시 외교적 해결을 위한 필수조건이다. 이를 위해서 중앙정부–지방정부–민간 등 다양한 층위 주체 간 교류의 기제화와 함께 층위 간 교류 협력이 상호 시너지 효과를 낼 수 있도록 실효적인 다층 거버넌스를 구축해야 한다. 외교의 '중앙정부–외교부' 중심 사고를 깨고, 국가이익 '선후경중'에 맞는 실질적인 역할 분담이 이루어질 수 있도록 노력할 필요가 있다. 이미 현실화된 외교 주체의 '종적 팽창'과 '횡적 업무 분담'을 철저하게 인지하지 못하면, 복합적인 대중국 외교를 펼칠 수 없는 것은 자명하다. 이런 의미에서 2008년과 2010년 인권 문제를 둘러싸고 중국과 발생한 갈등을 처리하는 과정에서 프랑스와 노르웨이가 보여준 통합적 위기관리 전략이 주는 시사점을 숙지하여야 할 것이다.[48] 이뿐만 아니라, 언제든지 중국의 통일전선 전술과 '이이제이(以夷制夷)' 전통적 외교술의 대상이 될 수 있다는 점도 명심하여야 할 것이다.[49]

1장 중국몽 둘러싼 논쟁

1   See Yong Deng, "Reputation and the Security Dilemma: China Reacts to the China Threat Theory," in Alastair Iain Johnston and Robert S. Ross, eds., *New Directions in the Study of China's Foreign Policy*, Stanford, California: Stanford University Press, 2006. 중국 정부는 중국위협론에 대응하기 위해서 '중국 기회론', '신안보관', '화평굴기(발전)' 등의 개념을 제시하였음. 중국의 강대국화를 다른 나라의 사례를 통해 다각도로 비교분석한 연구는 정재호 편, 『중국의 강대국화: 비교 및 국제정치학적 접근』(서울: 도서출판 길, 2006) 참조 바람.

2   국가 간 권력(혹은 발전) 분배와 '비용편익(cost-benefit)'의 관점에서 부상국과 패권전쟁에 대해 논한 연구는 Robert Gilpin, *War and Change in World Politics*, Cambridge: Cambridge University Press, 1981, pp.10-11, 33, 50, 55-105, 187, 228-230 참조 바람; '세력전이이론(power transition theory)'에 대해서는 A. F. K. Organski, *World Politics*, New York: Alfred A. Knopf, 1958; A. F. K. Organski and Jacek Kugler, *The War ledger*, Chicago: University of Chicago Press, 1980 참조 바람; 해군력을 핵심으로 하는 '세계국가(world power)'의 흥망과 '세계전쟁(global war)' 간의 규율(약 100-120년)을 논한 연구는 George Modelski, "The Long Cycle of Global Politics and the Nation-State," *Comparative Studies in Society and History*, Vol.20, No.2, 1978; George Modelski, *Long Cycles in World Politics*, Seattle: University of Washington Press, 1987 참조 바람. 평화적 세력전이에 대해서는 정재호

편, 『평화적 세력전이의 국제정치: 19-20세기 영-미 관계와 21세기 미-중 관계의 비교』(서울: 서울대학교출판문화원, 2016) 참조 바람.

3   21세기 미중관계를 포함한 강대국 간의 정치를 '비극'으로 표현한 '공격적 현실주의(offensive realism)'에 대해서는 John J. Mearsheimer, *The Tragedy of Great Power Politics*, New York: W. W. Norton & Company Inc., 2001 참조 바람.

4   中华人民共和国国务院新闻办公室, "中国的和平发展道路(白皮书)", http://www.gov.cn/xwfb/2005-12/22/content_133974.htm.

5   관련 문서와 연구를 살펴보면, '핵심이익' 혹은 '중국의 핵심이익' 등으로 표현하는 경우도 있지만 백서에서 표현된 것과 같이 '국가핵심이익'으로 표현하는 것이 정확함. 하지만, 본문에서는 맥락에 따라 혼합적으로 사용함을 특별히 밝힘.

6   中华人民共和国国务院新闻办公室, "中国的和平发展(白皮书)", http://www.scio.gov.cn/ztk/dtzt/58/6/Document/999991/999991.htm.

7   Jinghao Zhou, "China's Core Interests and Dilemma in Foreign Policy Practice," *Pacific Focus*, Vol.34, No.1, 2019, pp.31-41.

8   Jinghan Zeng, Yuefan Xiao, and Shaun Breslin, "Securing China's Core Interests: The State of the Debate in China," *International Affairs*, Vol.91, No.2, 2015, pp.250-257.

9   본 연구의 서술 과정에서 '댜오위댜오'로 통일해서 사용하지만, 문맥에 따라 '센카쿠 열도'로도 표현함을 특별히 밝힘.

10 See Alastair Iain Johnston, "How New and Assertive is China's New Assertiveness?" *International Security*, Vol.37, No.4, 2013, pp.7-14.

11 Alastair Iain Johnston, "How New and Assertive is China's New Assertiveness?" *International Security*, Vol.37, No.4, 2013, pp.31-32.

12 김흥규, 「중국 핵심이익 연구 소고(小考)」, 『동북아연구』, 제28권, 제2호, 2013, pp.301-305.

13 이민규, 「중국의 국가핵심이익 시기별 외연 확대 특징과 구체적인 이슈」, 『중소연구』, 제41권, 제1호, 2017, pp.52-56.

14 2012년 11월 29일 시진핑이 중국역사박물관에 전시된 '부흥의 길'을 참관하면서 언급한 것을 '중국몽' 담론의 본격적인 등장의 출발로 보고 있음. 구체적인 내용은 이정남, 「시진핑(习近平)의 중국몽(中国梦): 팍스 시니카(Pax-Sinica)구상과 그 한계」, 『아세아연구』, 제61권, 제4호, 2018, p.166; 홍건식,

「시진핑의 중국몽과 정체성 정치: 일대일로, AIIB 그리고 패권정체성」, 『국제정치논총』, 제58권, 제1호, 2018, p.100 참조 바람.

15   이민규, 『중국의 유럽 선진국 대상 경제보복 특징과 통합적 위기관리 전략』 (서울: 서울연구원, 2020), p.4.

16   '운명공동체' 개념은 2007년 제17차 당대 보고서에서 양안 관계를 대상으로 처음으로 거론됨. 이후 대상이 확대되어 '국가 운명공동체', '양자 운명공동체', '다자 운명공동체', '지역 운명공동체', '글로벌 운명공동체' 차원에서 거론되고 있음. '아시아 운명공동체'는 지역 운명공동체 영역으로 2015년 3월 보아오포럼에서 시진핑 국가주석에 의해 거론됨. 우완영·이희옥, 「중국의 아시아운명공동체 담론과 외교적 투사」, 『중국연구』, 제73권, 2017, pp.340-356.

17   Nien-chung Chang Liao, "Winds of Change: Assessing China's Assertive Turn in Foreign Policy," *Journal of Asian and African Studies*, Vol.53, No.6, 2018, pp.883-889.

18   은진석·이정태, 「국제관계의 맥락과 네트워크 중심성: 중국의 전랑외교 사례를 중심으로」, 『국제정치연구』, 제25집, 제1호, 2022, pp.75-79. 전랑외교를 "자국이 처한 대국 정체성의 위기로 말미암아 공격성을 주변국에 투사하여 자국의 격을 높이려는 시도"로 설명하고 있음. 전랑외교의 청중은 당국과 국내 여론이며, 민족주의 정서를 자극(혹은 만족)하여 정권 유지의 정당성을 부여하는 목적으로 사용되고 있다는 점을 지적함.

19   박병광, "중국 시진핑 3기 '전랑외교'의 지속과 변화", ISSUE BRIEF, 제417호, 2023, p.1.

20   Jinghao Zhou, "China's Core Interests and Dilemma in Foreign Policy Practice," *Pacific Focus*, Vol.34, No.1, 2019, pp.47-53.

21   이민규, "인민해방군, 중국 국가핵심이익 수호의 한 축: 역사적 사명과 강군 건설의 필요성", 성균차이나브리프, 제5권, 제4호, 2017, pp.52-56.

22   See Michael D. Swaine, Zhang Tuosheng, and Danielle F. S. Cohen, eds., *Managing Sino-American Crises: Case Studies and Analysis*, Washington D.C.: Carnegie Endowment for International Peace, 2006.

23   표나리, "중국의 회색지대 전략과 3전의 전개: 한국에 대한 함의", 정책연구시리즈, 2022-10, 2023, pp.4-40. 미국 랜드 연구소에서 지목한 중국의 77가지 회색지대 전술 중 대만과 한국 사례에 각각 44개와 30개가 적용된 것으로 분석함.

24 남중국해를 둘러싸고 중국이 취할 수 있는 군사적 전략과 행위에 대해서는 Toshi Yoshihara and James R. Holmes, "Can China Defend a 'Core Interest' in the South China Sea?" *The Washington Quarterly*, Vol.34, No.2, 2011, pp.45-59 참조 바람.

25 구체적인 내용은 표나리, "중국의 회색지대 전략과 3전의 전개: 한국에 대한 함의", 정책연구시리즈, 2022-10, 2023, pp.21-22 참조 바람.

26 Alastair Iain Johnston, "China's Militarized Interstate Dispute Behavior 1949-1992: A First Cut at the Data," *The China Quarterly*, No.153, 1998, pp.9-15; Xiaoting Li, "The Taming of the Red Dragon: The Militarized Worldview and China's Use of Force, 1949-2001," *Foreign Policy Analysis*, Vol.9, No.4, 2013.

27 Fravel M. Taylor, "Power Shifts and Escalation: Explaining China's Use of Force in Territorial Disputes," *International Security*, Vol.32, No.3, 2007/2008, pp.54-55.

28 Jinghan Zeng, "Is China Committed to Peaceful Rise? Debating How to Secure Core Interests in China," *International Politics*, Vol.54, No.5, 2017, pp.623-632.

29 류샤오보는 1989년 천안문 사태 당시 '천안문 사군자'로 불리기도 한 중국 민주화 운동의 상징적 존재임. 그는 당시 광범위한 민주개혁을 요구하는 '08헌장' 작성을 주도한 혐의로 '국가권력 전복 선동죄'로 수감된 상태였음. 이민규, 『중국의 유럽 선진국 대상 경제보복 특징과 통합적 위기관리 전략』(서울: 서울연구원, 2020), p.30.

30 Ivar Kolstad, "Too Big to Fault? Effects of the 2020 Nobel Peace Prize on Norwegian Exports to China and Foreign Policy," CMI Working Paper, No.3, 2016, pp.7-8, 211-216.

31 Xianwen Chen and Roberto J. Garcia, "Economic Sanctions and Trade Diplomacy: Sanction-busting Strategies, Market Distortion and Efficacy of China's Restrictions on Norwegian Salmon Imports," *China Information*, Vol.30, No.1, 2016, pp.32-41. 1997년에서 2010년 사이, 중국의 연어 총 수입량 중 노르웨이산은 70.0% 이상을 유지함.

32 이민규, 『중국의 유럽 선진국 대상 경제보복 특징과 통합적 위기관리 전략』(서울: 서울연구원, 2020), pp.34-37.

33 이민규, 『중국의 유럽 선진국 대상 경제보복 특징과 통합적 위기관리 전략』

(서울: 서울연구원, 2020), pp.14-19.

34 이민규, 「중국의 국가핵심이익 시기별 외연 확대 특징과 구체적인 이슈」,
    『중소연구』, 제41권, 제1호, 2017, p.45. 구체적으로 남중국해와 댜오위다
    오 이슈와 관련해서는 미 의회 산하 미중경제안보검토위원회(The U.S.-
    China Economic and Security Review Commission)의 Caitlin Campbell,
    Ethan Meick, Kimberly Hsu, and Craig Murray. "China's 'Core Interests'
    and the East China Sea." https://www.uscc.gov/sites/default/files/Research/
    China's%20Core%20Interests%20and%20the%20East%20China%20Sea.
    pdf와 Chinafile 사이트에 실린 Shai Oster, Andrew J. Nathan, Orville Schell,
    Susan Shirk, Tai Ming Cheung, and John Delury, "What's Really at the Core
    of China's 'Core Interests'?" https://www.chinafile.com/.../whats-really-
    core-chinas-core-interests; Stephanie T. Kleine-Ahlbrandt, Susan Shirk, and
    Wang Yizhou. "Does Promoting 'Core Interests' Do China More Harm Than
    Good?" http://www.chinafile.com/conversation/does-promoting-core-
    interests-do-china-more-harm-good 참조 바람. 한반도 문제와 관련해서
    는 이민규, 「한국의 사드배치 결정과 중국의 대한반도 정책 인식 변화 연
    구: 중국의 '핵심이익' 논쟁을 중심으로」, 『국방정책연구』, 제33권, 제2호,
    2017, pp.10-27; 김흥규, 「중국 핵심이익 연구 소고(小考)」, 『동북아연구』,
    제28권, 제2호, 2013, pp.295-297; 김흥규, 「한반도 통일에 대한 중국의 입
    장과 한중관계」, 『전략연구』, 제21권, 제61호, 2014, p.223; 나영주, 「한반도
    통일에 관한 중국의 인식과 전략」, 『국제정치연구』, 제18권, 제2호, 2015,
    pp.113-125 참조 바람.

35 2017년 관련 연구에 의하면, 2011년부터 '중국 헌법이 확립한 국가정치
    제도와 사회의 전반적 안정'과 관련된 포괄적 주제와 구체적인 이슈들이
    거론되기 시작함. 시진핑 집권 시기에 들어서는 '경제사회의 지속가능한
    발전을 위한 기본보장'과 관련된 이슈들도 본격적으로 거론되기 시작한 것
    으로 나타남. 이민규, 「중국의 국가핵심이익 시기별 외연 확대 특징과 구체
    적인 이슈」, 『중소연구』, 제41권, 제1호, 2017, pp.61-65 참조 바람.

36 张清敏, 李啟宸, 「中国对外行为的思想根源探析」, 『外交评论』, 제4期, 2011年,
    第6页.

37 중국 외교부 대변인 자료를 내용분석하여 특정 외교·안보 이슈의 국가핵
    심이익 관련 여부를 분석한 연구는 이민규, 「한국의 사드배치 결정과 중
    국의 대한반도 정책 인식 변화 연구: 중국의 '핵심이익' 논쟁을 중심으로」,

『국방정책연구』, 제33권, 제2호, 2017, p.14 참조 바람. 이 연구에서 중국 외교부 정례 브리핑 내용을 분석 자료로 선택한 이유를 중국 외교부의 주요 책무, 특히 외교부가 공산당 중앙과 국무원의 외교 전략과 방침을 수행하고 대외에 알리는 창구 역할을 제시하기 때문이라고 밝힘. 이밖에 2021년 중국에서도 외교부 홈페이지 상의 관련 뉴스 726편을 분석한 논문이 발표됨. 方力, 赵可金, 「国家核心利益与中国新外交」, 『国际政治科学』, 第6卷, 第3期, 2021年, 第73页 참조 바람.

38 Jinghan Zeng, "Is China Committed to Peaceful Rise? Debating How to Secure Core Interests in China," *International Politics*, Vol.54, No.5, 2017, pp.257-259.

39 이민규, 「중국의 국가핵심이익 시기별 외연 확대 특징과 구체적인 이슈」, 『중소연구』, 제41권, 제1호, 2017, p.47.

40 张清敏, 李敏窥, 「中国对外行为的思想根源探析」, 『外交评论』, 第4期, 2011年, 第14-18页.

41 Michael D. Swaine, "China's Assertive Behavior – Part One: On 'Core Interest'," China Leadership Monitor, No.34, 2010.

42 이민규, 「중국의 국가핵심이익 시기별 외연 확대 특징과 구체적인 이슈」, 『중소연구』, 제41권, 제1호, 2017, pp.47-48.

43 백분율 신뢰도 검사 결과 0.875가 나왔기 때문에, Scotti's Pi와 Cohen's Kappa 공식을 통한 신뢰도 검사를 별도로 실시하지 않았음을 특별히 밝힘.

2장 중국 국가핵심이익

1 阎学通, 『国际政治与中国』, 北京: 北京大学出版社, 2005年, 第12-15页.

2 중국 학계의 국가이익에 관한 연구 현황은 方长平, 「中国的国家利益研究」, 王逸舟主编, 『中国国际关系研究』, 北京: 北京大学出版社, 2006年, 第290-311页 참조 바람.

3 阎学通, 阎梁, 『国际关系分析』, 北京: 北京大学出版社, 2008年, 第66页.

4 阎学通, 『国际政治与中国』, 北京: 北京大学出版社, 2005年, 第23-24页.

5 莫凯歌, 「国际关系研究方法: 组合有效的工具箱」, 王建伟主编, 『国际关系学』, 北京: 中国人民大学出版社, 2010年, 第42-60页.

6 方长平, 「中国的国家利益研究」, 王逸舟主编, 『中国国际关系研究』, 北京: 北京大学出版社, 2006年, 第301-302页.

7   阎学通. 阎梁, 『国际关系分析』, 北京: 北京大学出版社, 2008年, 第67-68页.

8   阎学通. 阎梁, 『国际关系分析』, 北京: 北京大学出版社, 2005年, 第24页.

9   阎学通. 阎梁, 『国际关系分析』, 北京: 北京大学出版社, 2005年, 第25页.

10 阎学通. 阎梁, 『国际关系分析』, 北京: 北京大学出版社, 2005年, 第25-26页.

11 阎学通. 阎梁, 『国际关系分析』, 北京: 北京大学出版社, 2005年, 第26页.

12 이민규, 「한국의 사드배치 결정과 중국의 대한반도 정책 인식 변화 연구: 중국의 '핵심이익' 논쟁을 중심으로」, 『국방정책연구』, 제33권, 제2호, 2017, pp.15-16.

13 阎学通, 『国际政治与中国』, 北京: 北京大学出版社. 2005年, 第25页.

14 章迪禹, 「中国'核心利益'之辩」, 『世界知识』, 第19期, 2011年, 第17页.

15 1970~1980년대부터 국제정치에서 국내 이슈와 국제 이슈, 상위 정치와 하위 정치 간의 경계가 모호해지기 시작함. 이와 함께 보편적 안보(comprehensive security), 비전통안보(nontraditional security), 더 나아가 인간안보(human security) 등의 새로운 안보 개념이 등장함. 이는 더 이상 현실주의 중심의 국가이익 시각을 유지하기 힘들어졌음을 의미함. 안보 개념의 변화와 특징에 대해서는 전웅, 「국가안보와 인간안보」, 『국제정치논총』, 제44권, 제1호, 2004; 박한규, 「지구화 시대에 있어서 안보 개념의 다차원적 분석: 인간안보를 중심으로」, 『국제지역연구』, 제11권, 제3호, 2007; 정상화, 「안보개념의 변화와 비전통안보의 부상」, 『세종정책연구』, 제6권, 제2호, 2010 참조 바람.

16 方力. 赵可金, 「国家核心利益与中国新外交」, 『国际政治科学』, 第6卷, 第3期, 2021年, 第80-84页.

17 은진석·이정태, 「국제관계의 맥락과 네트워크 중심성: 중국의 전략외교 사례를 중심으로」, 『국제정치연구』, 제25집, 제1호, 2022, p.67. 이 논문에서 저자들은 전략외교를 "중국이 당면한 존재론적 안보위기와 국내정치적 불안정 문제를 해소하기 위한 시진핑 정부의 외교 스타일이며, 과거 중국이 누렸던 중심국가로서의 정체성 회복을 목표로 한다"라고 결론 내고 있음.

18 이민규, 「중국의 국가핵심이익 시기별 외연 확대 특징과 구체적인 이슈」, 『중소연구』, 제41권, 제1호, 2017, p.42.

19 章迪禹, 「中国'核心利益'之辩」, 『世界知识』, 第19期, 2011年, 第20页.

20 中华人民共和国国务院新闻办公室, "中国的和平发展(白皮书)", http://www.scio.gov.cn/ztk/dtzt/58/6/Document/999991/999991.htm.

21　贾庆林, "中国人民政治协商会议全国委员会常务委员会工作报告: 在政协第十一届全国委员会第一次会议上(2008年 3月 3日)," 『人民日报』, 2008年 3月 15日, 第2版.

22　"杨洁篪: 维护本国核心利益和尊严行为并非'强硬'," 中国网, 2010年 3月 7日, http://www.china.com.cn/news/2010-03/07/content_19547003.htm.

23　沈丁立, "正视和平发展的'中国底线'," 『人民日报』, 2013年 2月 1日, 第5版.

24　张清敏, 李殿窥, 「中国对外行为的思想根源探析」, 『外交评论』, 第4期, 2011年, 第11-18页.

25　분석의 연속성을 위해, 편의상 마오쩌둥 집권 시기를 1949년에서 1976년으로, 덩샤오핑 집권 시기는 1977년에서 1996년으로 설정하였음을 특별히 밝힘.

26　당 규약에 의한 중국공산당 최고 권력기관은 중국공산당 전국대표대회임. 그러나 실제 권력은 중국공산당 중앙정치국에 있고, 그 중에서도 상무위원회 위원들이 최고 권력을 행사함. 양갑용, 「중국공산당」, 성균중국연구소 엮음, 『차이나핸드북』(경기: 김영사, 2018), pp.130-131 참조 바람.

3장 집권 시기별 국가주권 문제

1　네 가지 의견은 ① 한 개의 중국 원칙 견지, ② 평화통일 견지, ③ 타이완 인민에게 희망을 거는 방침 견지, ④ 타이완 독립과 분열 활동 반대 견지를 의미함. 胡锦涛, "包括台湾同胞在内的全体中华儿女团结起来, 共同为推进祖国和平统一大业而努力奋斗," 『人民日报』, 2005年 3月 5日 참조 바람.

2　'사불일몰유'의 '사불'은 ① 독립선언, ② 중화민국 국호, ③ '양국론' 입헌, ④ 독립 관련 공민투표를 하지 않는다는 것을 의미하고, '일몰유'는 국통회와 국통강령을 폐기하지 않겠다는 것을 의미함. "何谓陈水扁的'四不一没有'？" 中国新闻网, 2002年 8月 5日, http://www.chinanews.com/2002-08-05/26/209063.html 참조 바람.

3　팔항주장은 1995년 1월 30일 장쩌민 국가주석이 한 발언으로 ① 하나의 중국 원칙 견지, ② 타이완의 타국과의 민간 경제문화관계 찬성, ③ 양안 간 평화통일 담판, ④ 평화통일 실현, 중국인은 중국인을 공격하지 않음, ⑤ 양안 경제문화교류와 협력, ⑥ 중화문화의 우수전통 계승과 발양, ⑦ 타이완 동포의 생활방식과 주인 역할을 하고자 하는 바램과 모든 정당권익 존중,

⑧ 적당한 신분으로 상호 방문 등을 의미함. 江泽民, "为促进祖国统一大业的 完成而继续奋斗," 『人民日报』, 1995년 1월 31일 참조 바람.

4 이명찬, 「센카쿠제도를 둘러싼 중·일간 갈등과 동북아」, 『국제정치논총』, 제53집, 제1호, 2013, p.258; 하도형, 「2010년 중·일 댜오위댜오 분쟁과 중 국의 대응」, 『영토해양연구』, 제3호, 2012, pp.8-10; 이면우, 『전후 일중관 계의 전개 및 향후양상: 2010년 센카쿠열도분쟁의 의미와 영향을 중심으 로』(성남: 세종연구소, 2011), pp.25-26 참조 바람.

5 이명찬, 「센카쿠제도를 둘러싼 중·일간 갈등과 동북아」, 『국제정치논총』, 제53집, 제1호, 2013, pp.260-268.

6 2012년 8월 16일, 필립 크롤리(Philip Crowley) 국무부 공보담당 차관보는 기자회견에서 센카쿠 열도는 일본의 시정아래 있고, 미일안보조약 제5조 는 일본의 시정 하에 있는 영역에 적용된다고 밝힘. 이보다 앞서, 2010년 9 월 뉴욕 타임스 보도에 의하면, 힐러리 클린턴 미 국무장관은 센카쿠 열도 는 미일 안보조약의 적용 대상이라고 밝힘. 이명찬, 「센카쿠제도를 둘러싼 중·일간 갈등과 동북아」, 『국제정치논총』, 제53집, 제1호, 2013, pp.260- 261 참조 바람.

4장 집권 시기별 국가안보 문제

1 "中华人民共和国国家安全法（主席令第二十九号)," 中央政府门户网站, 2015 年 7月 1日, http://www.gov.cn/zhengce/2015-07/01/content_2893902. htm.

2 이수진, "도클람 사례로 본 중국의 위기관리 행태와 안보적 함의", 주간국 방논단, 제1725호, 2018.

3 한국국방연구원, "중국-인도 국경분쟁," 세계분쟁정보, https://www.kida. re.kr/frt/board/frtNormalBoardDetail.do?sidx=2166&idx=174&depth=3&s earchCondition=&searchKeyword=&pageIndex=3&lang=kr

5장 집권 시기별 국가발전이익 문제

1 미국 정부는 2018년 6월 15일 500억 달러 규모 중국 상품에 대해 25.0퍼

센트의 관세를 부가하겠다고 발표. 그중 340억 규모의 상품에 대한 관세 부가는 7월 6일부터 적용되고, 나머지 160억 달러는 8월 23일부터 적용됨.

6장 한중관계 30년

1   Avery Goldstein, "Parsing China's Rise: International Circumstances and National Attributes," in Robert S. Ross and Zhu Feng, eds., *China's Ascent: Power, Security, and the Future of International Politics*, Ithaca: Cornell University Press, 2008, pp.64-67.

2   평화공존 5원칙의 중국 대외정책에의 영향에 대해서는 杨凡, 「和平共处五项原则的演变与中国对外政策」, 『江南社会学院学报』, 第3卷, 第2期, 2001年, 第16-17页; 张明菊, 「'和平共处'外交思想的演变与中国外交」, 『桂海论丛』, 第21卷, 第1期, 2005年, 第54页; 温家宝, 「弘扬五项原则 促进和平发展」, 中国国际问题研究所编, 『和平共处五项原则—纪念和平共处五项原则诞生50周年』, 北京: 世界知识出版社, 2004年, 第13-15页 참조 바람.

3   2013년 한중 양국은 '내실화'에 합의하고, 2017년에는 한중수교 25주년을 맞아 문재인 대통령은 '실질적' 관계를 시진핑 주석은 '안정적이고 건전한 발전'을 희망한다는 의견을 주고받음. 이민규·박은현, 『한중관계 30년 진단과 전환기 서울시 대중국 도시외교 전략』(서울: 서울연구원, 2021), p.9. 전략적협력동반자로의 발전이 시사하는 점은 이동률, 「정치외교」, 성균중국연구소 엮음, 『한중수교 25년사』(서울: 성균대학교 출판부, 2017), pp.39-40; 이희옥, 「미중 경쟁시대 한중관계 현황과 한국의 대중정책」, 이민규 책임편집, 『미중 경쟁시대 한반도 국제정세와 외교전략: 서울시 평화구축 정책환경 분석 중심으로』(서울: 서울연구원, 2020), pp.55-56 참조 바람.

4   이동률, 「정치외교」, 성균중국연구소 엮음, 『한중수교 25년사』(서울: 성균관대학교 출판부, 2017), pp.39-40; 이희옥, 「미중 경쟁시대 한중관계 현황과 한국의 대중정책」, 이민규 책임편집, 『미중 경쟁시대 한반도 국제정세와 외교전략: 서울시 평화구축 정책환경 분석 중심으로』(서울: 서울연구원, 2020), pp.55-56.

5   https://overseas.mofa.go.kr/cn-ko/wpge/m_1225/contents.do(주중국대한민국대사관 홈페이지) 자료 분석을 바탕으로 저자 작성.

6   https://www.gaok.or.kr/gaok/exchange/list.do?menuNo=200079(대한민국
     시도지사협의회 홈페이지) 데이터 분석을 바탕으로 저자 작성.

7   중국의 대한국 투자액은 https://www.motie.go.kr/kor/contents/104(산업
     통상자원부 홈페이지) 데이터 참고; 한국의 대중국 투자액은 https://stats.
     koreaexim.go.kr/main.do(한국수출입은행 홈페이지) 데이터 참고.

8   통계자료는 성균중국연구소 엮음,「한중수교 25년사」(서울: 성균관대학교
     출판부, 2017), pp.348-349; https://datalab.visitkorea.or.kr/datalab/portal/
     main/getMainForm.do(한국관광 데이터랩 홈페이지) 참고.

9   이동률,「정치외교」, 성균중국연구소 엮음,『한중수교 25년사』(서울: 성균
     대학교 출판부, 2017), p.34.

10   이민규,「정치외교: 짙어진 미중관계 종속화와 '구동화이' 접근 필요」, 한신
     대학교 유라시아연구소 엮음,『한중수교 30주년 성찰과 대안』(경기: 다해,
     2022), p.65.

11   이민규,「정치외교: 짙어진 미중관계 종속화와 '구동화이' 접근 필요」, 한신
     대학교 유라시아연구소 엮음,『한중수교 30주년 성찰과 대안』(경기: 다해,
     2022), p.70.

12   이민규,「협력과 갈등의 기로에 선 한중관계」, 이희옥·강수정 책임편집,『전
     환기 동북아 질서와 한중관계의 재구성: 한·중 학계의 시각』(서울: 도서출
     판 선인, 2020), p.102.

13   이정훈·왕유위,「북한의 4,5차 핵심험과 사드 사태로 본 韓中 대립 – 중국
     의 현상 유지냐, 한국의 현상 변경이냐」,『한일군사문화연구』, 제22권, 제22
     호, 2016, p.63.

14   이민규,「정치외교: 짙어진 미중관계 종속화와 '구동화이' 접근 필요」, 한신
     대학교 유라시아연구소 엮음,『한중수교 30주년 성찰과 대안』(경기: 다해,
     2022), p.76.

15   최종건,「주한 미국의 THADD 배치 수용과 한국의 딜레마」, 서울대 아시
     아연구소 미중관계연구센터 편,『미·중 사이 한국의 딜레마: 사례와 평가』
     (서울: 코보, 2017), pp.60-67.

16   이민규,「한국의 사드배치 결정과 중국의 대한반도 정책 인식 변화 연구: 중
     국의 '핵심이익' 논쟁을 중심으로」,『국방정책연구』, 제33권, 제2호, 2017,
     p.28.

17   자세한 내용은 정재호,『생존의 기로: 21세기 미·중 관계와 한국』(서울: 서
     울대학교출판문화원, 2021), pp.289, 305-306 참조 바람.

18 정재호, 『중국의 부상과 한반도의 미래』(서울: 서울대학교출판문화원, 2011), p.224.

19 이정훈·왕유위, 「북한의 4,5차 핵심험과 사드 사태로 본 韓中 대립 – 중국의 현상 유지냐, 한국의 현상 변경이냐」, 『한일군사문화연구』, 제22권, 제22호, 2016, p.55.

20 이민규, 「협력과 갈등의 기로에 선 한중관계」, 이희옥·강수정 책임편집, 『전환기 동북아 질서와 한중관계의 재구성: 한·중 학계의 시각』(서울: 도서출판 선인, 2020), pp.103-108.

21 정재호, 『중국의 부상과 한반도의 미래』(서울: 서울대학교출판문화원, 2011), p.110.

22 장우애, "중국내 反韓감정 확산과 영향", IBK경제연구소, 2017; 한재진·천용찬, "최근 한중 상호간 경제손실과 대응방안", 현안과 과제(현대경제연구원), 17-10호, 2017.

23 송지연, 「사드(THAAD) 배치를 둘러싼 한국과 중국의 정치적 갈등이 경제관계에 미치는 영향」, 한국과 국제정치, 제36권, 제3호, 2020, pp.144-148.

24 이민규, 『중국의 유럽 선진국 대상 경제보복 특징과 통합적 위기관리 전략』(서울: 서울연구원, 2020), p.6.

25 요소수 대란의 배경과 경제보복 상관관계는 뉴시스, 2021.11.08., "中, 호주 경제보복에 요소수 대란 韓...본격 보복 땐 큰일", https://newsis.com/view/?id=NISX20211108_0001643485&cID=10301&pID=10300 참조 바람.

26 중앙일보, 2023.10.12., "[단독] 제2요소수 터지나…핵심광물 13종, 中 쏠림 심해졌다", https://www.joongang.co.kr/article/25198750 참조 바람.

27 미중무역전쟁의 핵심 쟁점과 전개 과정에 대해서는 이민규 외, 『포스트 코로나 시대 서울시 도시외교』(서울: 서울특별시, 2021), pp.64-69; Min-gyu Lee and Junseok Lee, "Containment with Selective Engagement: Biden's Expected China Policy," 『세계지역연구논총』, 제39집, 제1호, 2021 참조 바람.

28 김인규, "미·중 무역전쟁 전망 및 한국경제에 미치는 영향", 중국산업경제 브리프(산업연구원), 1월호, 통권 67호, 2020, p.49.

29 중앙일보, 2023.10.12., "[단독] 제2요소수 터지나…핵심광물 13종, 中 쏠림 심해졌다", https://www.joongang.co.kr/article/25198750 참조 바람.

30 다국적 기업 중심의 미국식 '초국적 질서'와 중국 정부와 기업 중심의 중국식 '주권적 질서'의 상호 충돌로 볼 수 있는 측면도 있음. 박문수·손원배, 「미·중 기술 갈등에 따른 우리나라 중소기업의 파급효과에 관한 탐색적 연

구-화웨이 정보보안 이슈를 중심으로」, 『중소기업연구』, 제42권, 제1호, 2020, pp.49-54.

31 김도희, 「한중 문화교류의 현황과 사회적 영향」, 『현대중국연구』, 제9권, 제2호, 2008; 임대근, 「대중문화」, 성균중국연구소 엮음, 『한중수교 25년사』(서울: 성균관대학교 출판부, 2017), pp.124-125.

32 Min-gyu Lee and Yufan Hao, "China's Unsuccessful Charm Offensive: How South Koreans have Viewed the Rise of China Over the Past Decade," *Journal of Contemporary China*, Vol.27, No.114, 2018, pp.867-868.

33 Min-gyu Lee and Yufan Hao, "China's Unsuccessful Charm Offensive: How South Koreans have Viewed the Rise of China Over the Past Decade," *Journal of Contemporary China*, Vol.27, No.114, 2018, pp.874-876.

34 이민규, 「협력과 갈등의 기로에 선 한중관계」, 이희옥·강수정 책임편집, 『전환기 동북아 질서와 한중관계의 재구성: 한·중 학계의 시각』(서울: 도서출판 선인, 2020), p.107.

35 이민규, 『중국의 유럽 선진국 대상 경제보복 특징과 통합적 위기관리 전략』(서울: 서울연구원, 2020), p.67.

36 https://www.pewresearch.org/global/database/(Pew Research Center 홈페이지).

37 '반중 정서'에 대한 구체적인 내용은 이민규, 『한국인의 대중국 기대심리와 반중 정서』(서울: 서울연구원, 2023) 참조 바람.

38 이민규, 「협력과 갈등의 기로에 선 한중관계」, 이희옥·강수정 책임편집, 『전환기 동북아 질서와 한중관계의 재구성: 한·중 학계의 시각』(서울: 도서출판 선인, 2020), pp.103-108.

39 서진영, 「한중관계 20년: 회고와 전망-한국의 시각에서」, 『국방정책연구』, 제28집, 제1호, 2012, pp.10-37.

40 이민규, 「정치외교: 짙어진 미중관계 종속화와 '구동화이' 접근 필요」, 한신대학교 유라시아연구소 엮음, 『한중수교 30주년 성찰과 대안』(경기: 다해, 2022), pp.87-88 참조 바람.

41 이민규, 「정치외교: 짙어진 미중관계 종속화와 '구동화이' 접근 필요」, 한신대학교 유라시아연구소 엮음, 『한중수교 30주년 성찰과 대안』(경기: 다해, 2022), p.88.

42 이민규, 「협력과 갈등의 기로에 선 한중관계」, 이희옥·강수정 책임편집, 『전환기 동북아 질서와 한중관계의 재구성: 한·중 학계의 시각』(서울: 도서출

판 선인, 2020), pp.109-110.

43 이민규,「정치외교: 짙어진 미중관계 종속화와 '구동화이' 접근 필요」, 한신
대학교 유라시아연구소 엮음,『한중수교 30주년 성찰과 대안』(경기: 다해,
2022), p.88 참조 바람.

44 중국의 무력 사용 원인에 대해서는 ① 국내정치, ② 전략문화, ③ 억제 전
략 실패, ④ 예방외교 실패, ⑤ 지도자 개인 성향 등의 변수가 주로 고려되
어 왔음. 구체적인 내용은 Allen S. Whiting, "The Use of Force in Foreign
Policy by the People's Republic of China," *Annals of the American Academy of
Political and Social Science*, Vol.402, China in the World Today, July; Allen
S. Whiting, *The Chinese Calculus of Deterrence: India and Indochina*, Ann
Arbor: The University of Michigan, 1975, 2001; Thomas J. Christensen,
"Threats, Assurances, and the Last Chance for Peace: The Lessons of Mao's
Korean War Telegram," *International Security*, Vol.17, No.1, Summer, 1992;
Steve Chan, "Chinese Conflict Calculus and Behavior: Assessment from a
Perspective of Conflict Management," *World Politics*, Vol.30, No.3, April,
1978; Michael D. Swaine and Zhang Tuosheng, with Danielle F. S. Cohen,
eds., *Managing Sino-American Crises: Case Studies and Analysis*, Washington,
D.C.: Carnegie Endowment for International Peace, 2006; Thomas J.
Christensen, "Windows and War: Trend Analysis and Beijing's Use of Force,"
in Alastair Iain Johnston and Robert S. Ross, eds., *New Directions in the Study
of China's Foreign Policy*, Stanford, California: Stanford University Press, 2006;
Fravel M. Taylor, "Power Shifts and Escalation: Explaining China's Use of
Force in Territorial Disputes," *International Security*, Vol.32, No.3, Winter,
2007/2008; Andrew Scobell, *China's Use of Military Force: Beyond the Great Wall
and the Long March*, New York: Cambridge University Press, 2003; Alastair
Iain Johnston, *Cultural Realism: Strategic Culture and Grand Strategy In Chinese
History*, Princeton: Princeton University Press, 1995; Alastair Iain Johnston,
"Cultural Realism and Strategy in Maoist China," in Peter J. Katzenstein ed.,
The Culture of National Security: Norms and Identity in World Politics, New York:
Columbia University Press, 1996; Huiyun Feng, *Chinese Strategic Culture and
Foreign Policy Decision-Making: Confucianism, Leadership and War*, New York:
Routledge, 2007; Melvin Gurtov and Byong-Moo Hwang, *China under
Threat: The Politics of Strategy and Diplomacy*, Maryland: The Johns Hopkins

University Press, 1980 등 참조 바람.

45 이민규,「정치외교: 짙어진 미중관계 종속화와 '구동화이' 접근 필요」, 한신대학교 유라시아연구소 엮음,『한중수교 30주년 성찰과 대안』(경기: 다해, 2022), pp.89-90.

46 한국인의 대중국 이미지와 한중관계 간 상관관계는 이민규,『한국인의 대중국 기대심리와 반중 정서: 서울시 대중국 도시외교 시사점』(서울: 서울연구원, 2023), pp.5-6 참조 바람.

47 이민규,「정치외교: 짙어진 미중관계 종속화와 '구동화이' 접근 필요」, 한신대학교 유라시아연구소 엮음,『한중수교 30주년 성찰과 대안』(경기: 다해, 2022), p.90 참조 바람.

48 구체적인 내용은 이민규,『중국의 유럽 선진국 대상 경제보복 특징과 통합적 위기관리 전략』(서울: 서울연구원, 2020) 참조 바람.

49 이민규,「한국의 사드배치 결정과 중국의 대한반도 정책 인식 변화 연구: 중국의 '핵심이익' 논쟁을 중심으로」,『국방정책연구』, 제33권, 제2호, 2017, p.10.

참고문헌

국문

김도희, 2008, 「한중 문화교류의 현황과 사회적 영향」, 『현대중국연구』, 제9권, 제2호.

김인규, 2020, "미·중 무역전쟁 전망 및 한국경제에 미치는 영향", 중국산업경제 브리프(산업연구원), 1월호, 통권 67호.

김흥규, 2013, 「중국 핵심이익 연구 소고(小考)」, 『동북아연구』, 제28권, 제2호.

_____, 2014, 「한반도 통일에 대한 중국의 입장과 한중관계」, 『전략연구』, 제21권, 제61호.

나영주, 2015, 「한반도 통일에 관한 중국의 인식과 전략」, 『국제정치연구』, 제18권, 제2호.

뉴시스, 2021.11.08., "中, 호주 경제보복에 요소수 대란 韓…본격 보복 땐 큰일", https://newsis.com/view/?id=NISX20211108_0001643485&cID=10301&pID=10300

박문수·손원배, 2020, 「미·중 기술 갈등에 따른 우리나라 중소기업의 파급효과에 관한 탐색적 연구 – 화웨이 정보보안 이슈를 중심으로 – 」, 『중소기업연구』, 제42권, 제1호.

박병광, 2023, "중국 시진핑 3기 '전랑외교'의 지속과 변화", ISSUE BRIEF, 제417호.

박한규, 2007, 「지구화 시대에 있어서 안보 개념의 다차원적 분석: 인간안보를 중심으로」, 『국제지역연구』, 제11권, 제3호.

서진영, 2012, 「한중관계 20년: 회고와 전망-한국의 시각에서」, 『국방정책연구』, 제28집, 제1호.

성균중국연구소 엮음, 2017, 『한중수교 25년사』(서울: 성균관대학교 출판부).

송지연, 2020, 「사드(THAAD) 배치를 둘러싼 한국과 중국의 정치적 갈등이 경제관계에 미치는 영향」, 『한국과 국제정치』, 제36권, 제3호.

양갑용, 2018, 「중국공산당」, 성균중국연구소 엮음, 『차이나핸드북』(경기: 김영사).

양평섭, 2017, 「무역·투자」, 성균중국연구소 엮음, 『한중수교 25년사』(서울: 성균관대학교 출판부). 추가한 부분

우완영·이희옥, 2017, 「중국의 아시아운명공동체 담론과 외교적 투사」, 『중국연구』, 제73권.

은진석·이정태, 2022, 「국제관계의 맥락과 네트워크 중심성: 중국의 전랑외교 사례를 중심으로」, 『국제정치연구』, 제25집, 제1호.

이동률, 2017, 「정치외교」, 성균중국연구소 엮음, 『한중수교 25년사』(서울: 성균관대학교 출판부).

이면우, 2011, 『전후 일중관계의 전개 및 향후양상: 2010년 센카쿠열도분쟁의 의미와 영향을 중심으로』(성남: 세종연구소).

이명찬, 2013, 「센카쿠제도를 둘러싼 중·일간 갈등과 동북아」, 『국제정치논총』, 제53집, 제1호.

이민규, 2017, 「중국의 국가핵심이익 시기별 외연 확대 특징과 구체적인 이슈」, 『중소연구』, 제41권, 제1호.

_____, 2017, "인민해방군, 중국 국가핵심이익 수호의 한 축: 역사적 사명과 강군 건설의 필요성", 성균차이나브리프, 제5권, 제4호.

_____, 2017, 「한국의 사드배치 결정과 중국의 대한반도 정책 인식 변화 연구: 중국의 '핵심이익' 논쟁을 중심으로」, 『국방정책연구』, 제33권, 제2호.

_____, 2020, 『중국의 유럽 선진국 대상 경제보복 특징과 통합적 위기관리 전략』(서울: 서울연구원).

_____, 2020, 「협력과 갈등의 기로에 선 한중관계」, 이희옥·강수정 책임편집, 『전환기 동북아 질서와 한중관계의 재구성: 한·중 학계의 시각』(서울: 도서출판 선인).

_____, 2022, 「정치외교: 짙어진 미중관계 종속화와 '구동화이' 접근 필요」, 한신

대학교 유라시아연구소 엮음, 『한중수교 30주년 성찰과 대안』(경기: 다해).

_____, 2023, 『한국인의 대중국 기대심리와 반중 정서』(서울: 서울연구원).

이민규 외, 2021, 『포스트 코로나 시대 서울시 도시외교』(서울: 서울특별시).

이민규·박은현, 2021, 『한중관계 30년 진단과 전환기 서울시 대중국 도시외교 전략』(서울: 서울연구원).

이수진, 2018, "도클람 사례로 본 중국의 위기관리 행태와 안보적 함의", 주간국 방논단, 제1725호.

이정남, 2018, 「시진핑(习近平)의 중국몽(中国梦): 팍스 시니카(Pax-Sinica)구 상과 그 한계」, 『아세아연구』, 제61권, 제4호.

이정훈·왕유위, 2016, 「북한의 4,5차 핵심험과 사드 사태로 본 韓中 대립 – 중 국의 현상 유지냐, 한국의 현상 변경이냐 –」, 『한일군사문화연구』, 제22권, 제22호.

이희옥, 2020, 「미중 경쟁시대 한중관계 현황과 한국의 대중정책」, 이민규 책임 편집, 『미중 경쟁시대 한반도 국제정세와 외교전략: 서울시 평화구축 정책 환경 분석 중심으로』(서울: 서울연구원).

임대근, 2017, 「대중문화」, 성균중국연구소 엮음, 『한중수교 25년사』(서울: 성균 관대학교 출판부).

장우애, 2017, "중국내 反韓감정 확산과 영향", IBK경제연구소.

전웅, 2004, 「국가안보와 인간안보」, 『국제정치논총』, 제44권, 제1호.

정상화, 2010, 「안보개념의 변화와 비전통안보의 부상」, 『세종정책연구』, 제6권, 제2호.

정재호, 2011, 『중국의 부상과 한반도의 미래』(서울: 서울대학교출판문화원).

_____, 2021, 『생존의 기로: 21세기 미·중 관계와 한국』(서울: 서울대학교출판 문화원).

정재호 편, 2006, 『중국의 강대국화: 비교 및 국제정치학적 접근』(서울: 도서출 판 길).

_____, 2016, 『평화적 세력전이의 국제정치: 19-20세기 영-미 관계와 21세기 미-중 관계의 비교』(서울: 서울대학교출판문화원).

중앙일보, 2023.10.12., "[단독] 제2요소수 터지나…핵심광물 13종, 中 쏠림 심 해졌다", https://www.joongang.co.kr/article/25198750

최종건, 2017, 「주한 미국의 THADD 배치 수용과 한국의 딜레마」, 서울대 아시아연구소 미중관계연구센터 편, 『미·중 사이 한국의 딜레마: 사례와 평가』 (서울: 코보).

표나리, 2023, "중국의 회색지대 전략과 3전의 전개: 한국에 대한 함의", 정책연구시리즈, 2022-10.

하도형, 2012, 「2010년 중·일 댜오위다오 분쟁과 중국의 대응」, 『영토해양연구』, 제3호.

한재진·천용찬, 2017, "최근 한중 상호간 경제손실과 대응방안", 현안과 과제 (현대경제연구원), 17-10호.

한국국방연구원, "중국-인도 국경분쟁," 세계분쟁정보,

https://www.kida.re.kr/frt/board/frtNormalBoardDetail.do?sidx=2166&idx=174&depth=3&searchCondition=&searchKeyword=&pageIndex=3&lang=kr

홍건식, 2018, 「시진핑의 중국몽과 정체성 정치: 일대일로, AIIB 그리고 패권정체성」, 『국제정치논총』, 제58권, 제1호.

https://www.gaok.or.kr/gaok/exchange/list.do?menuNo=200079(대한민국시도지사협의회 홈페이지)

https://www.motie.go.kr/kor/contents/104(산업통상자원부 홈페이지)

https://overseas.mofa.go.kr/cn-ko/wpge/m_1225/contents.do(주중국대한민국대사관 홈페이지)

https://datalab.visitkorea.or.kr/datalab/portal/main/getMainForm.do(한국관광데이터랩 홈페이지)

https://stats.koreaexim.go.kr/main.do(한국수출입은행 홈페이지)

영문

Campbell, Caitlin, Ethan Meick, Kimberly Hsu, and Craig Murray, 2013, "China's 'Core Interests' and the East China Sea", *U.S.-China Economic and Security Review Commission*, https://www.uscc.gov/sites/default/files/Research/China's%20Core%20Interests%20and%20the%20East%20China%20Sea.pdf

Chan, Steve, 1978, "Chinese Conflict Calculus and Behavior: Assessment from a Perspective of Conflict Management," *World Politics*, Vol.30, No.3, April.

Chang Liao, Nien-chung, 2018, "Winds of Change: Assessing China's Assertive Turn in Foreign Policy," *Journal of Asian and African Studies*, Vol.53, No.6.

Chen, Xianwen and Roberto J. Garcia, 2016, "Economic Sanctions and Trade Diplomacy: Sanction-busting Strategies, Market Distortion and Efficacy of China's Restrictions on Norwegian Salmon Imports," *China Information*, Vol.30, No.1.

Christensen, Thomas J., 1992, "Threats, Assurances, and the Last Chance for Peace: The Lessons of Mao's Korean War Telegram," *International Security*, Vol.17, No.1, Summer.

_____ , 2006, "Windows and War: Trend Analysis and Beijing's Use of Force," in Alastair Iain Johnston and Robert S. Ross, eds., *New Directions in the Study of China's Foreign Policy*, Stanford, California: Stanford University Press.

Deng, Yong, 2006, "Reputation and the Security Dilemma: China Reacts to the China Threat Theory," in Alastair Iain Johnston and Robert S. Ross, eds., *New Directions in the Study of China's Foreign Policy*, Stanford, California: Stanford University Press.

Feng, Huiyun, 2007, *Chinese Strategic Culture and Foreign Policy Decision-Making: Confucianism, Leadership and War*, New York: Routledge.

Fravel, Taylor M., 2007/2008, "Power Shifts and Escalation: Explaining China's Use of Force in Territorial Disputes," *International Security*, Vol.32, No.3.

Gilpin, Robert, 1981, *War and Change in World Politics*, Cambridge: Cambridge University Press.

Goldstein, Avery, 2008, "Parsing China's Rise: International Circumstances and National Attributes," in Robert S. Ross and Zhu Feng, eds., *China's Ascent: Power, Security, and the Future of International Politics*, Ithaca: Cornell University Press.

Gurtov, Melvin and Byong-Moo Hwang, 1980, *China under Threat: The Politics of Strategy and Diplomacy*, Maryland: The Johns Hopkins University Press.

Johnston, Alastair Iain, 1995, *Cultural Realism: Strategic Culture and Grand Strategy In Chinese History*, Princeton: Princeton University Press.

_____ , 1996, "Cultural Realism and Strategy in Maoist China," in Peter J. Katzenstein ed., *The Culture of National Security: Norms and Identity in World*

Politics, New York: Columbia University Press.

_____ , 1998, "China's Militarized Interstate Dispute Behavior 1949-1992: A First Cut at the Data," *The China Quarterly*, No.153.

_____ , 2013, "How New and Assertive is China's New Assertiveness?" *International Security*, Vol.37, No.4.

Kleine-Ahlbrandt, Stephanie T., Susan Shirk, and Wang Yizhou, 2013, "Does Promoting 'Core Interests' Do China More Harm Than Good?", *China File*, http://www.chinafile.com/conversation/does-promoting-core-interests-do-china-more-harm-good

Kolstad, Ivar, 2016, "Too Big to Fault? Effects of the 2020 Nobel Peace Prize on Norwegian Exports to China and Foreign Policy," *CMI Working Paper*, No.3.

Lee, Min-gyu and Yufan Hao, 2018, "China's Unsuccessful Charm Offensive: How South Koreans have Viewed the Rise of China Over the Past Decade," *Journal of Contemporary China*, Vol.27, No.114.

Lee, Min-gyu and Junseok Lee, 2021, "Containment with Selective Engagement: Biden's Expected China Policy," 『세계지역연구논총』, 제39집, 제1호.

Li, Xiaoting, 2013, "The Taming of the Red Dragon: The Militarized Worldview and China's Use of Force, 1949-2001," *Foreign Policy Analysis*, Vol.9, No.4.

Mearsheimer, John J., 2001, *The Tragedy of Great Power Politics*, New York: W. W. Norton & Company Inc..

Modelski, George, 1978, "The Long Cycle of Global Politics and the Nation-State," *Comparative Studies in Society and History*, Vol.20, No.2.

_____ , 1987, *Long Cycles in World Politics*, Seattle: University of Washington Press.

Organski, A. F. K., 1958, *World Politics*, New York: Alfred A. Knopf.

Organski, A. F. K. and Jacek Kugler, 1980, *The War ledger*, Chicago: University of Chicago Press.

Oster, Shai, Andrew J. Nathan, Orville Schell, Susan Shirk, Tai Ming Cheung, and John Delury, 2013, "What's Really at the Core of China's 'Core Interests'?", *China File*, https://www.chinafile.com/.../whats-really-core-chinas-core-interests

Scobell, Andrew, 2003, *China's Use of Military Force: Beyond the Great Wall and the*

Long March, New York: Cambridge University Press.

Swaine, Michael D., 2010, "China's Assertive Behavior – Part One: On 'Core Interest'," China Leadership Monitor, No.34.

Swaine, Michael D. and Zhang Tuosheng, with Danielle F. S. Cohen, eds., 2006, *Managing Sino-American Crises: Case Studies and Analysis*, Washington, D.C.: Carnegie Endowment for International Peace.

Whiting, Allen S., 1972, "The Use of Force in Foreign Policy by the People's Republic of China," *Annals of the American Academy of Political and Social Science,* Vol.402, China in the World Today, July.

_____ , 1975, 2001, *The Chinese Calculus of Deterrence: India and Indochina*, Ann Arbor: The University of Michigan.

Yoshihara, Toshi and James R. Holmes, 2011, "Can China Defend a 'Core Interest' in the South China Sea?" *The Washington Quarterly*, Vol.34, No.2.

Zeng, Jinghan, 2017, "Is China Committed to Peaceful Rise? Debating How to Secure Core Interests in China," *International Politics*, Vol.54, No.5.

Zeng, Jinghan, Yuefan Xiao, and Shaun Breslin, 2015, "Securing China's Core Interests: The State of the Debate in China," *International Affairs*, Vol.91, No.2.

Zhou, Jinghao, 2019, "China's Core Interests and Dilemma in Foreign Policy Practice," *Pacific Focus*, Vol.34, No.1.

https://www.pewresearch.org/global/database/(Pew Research Center 홈페이지)

중문

方长平, 2006, 「中国的国家利益研究」, 王逸舟主编, 『中国国际关系研究』, 北京: 北京大学出版社.

方力, 赵可金, 2021, 「国家核心利益与中国新外交」, 『国际政治科学』, 第6卷, 第3期.

胡锦涛, "包括台湾同胞在内的全体中华儿女团结起来, 共同为推进祖国和平统一大业而努力奋斗," 『人民日报』, 2005年 3月 5日.

贾庆林, "中国人民政治协商会议全国委员会常务委员会工作报告: 在政协第十一届全国委员会第一次会议上(2008年 3月 3日)," 『人民日报』, 2008年 3月 15日, 第2版.

江泽民, "为促进祖国统一大业的完成而继续奋斗," 『人民日报』, 1995年1月31日.

莫凯歌, 2010, 「国际关系研究方法: 组合有效的工具箱」, 王建伟主编, 『国际关系学』, 北京: 中国人民大学出版社.

沈丁立, "正视和平发展的'中国底线'," 『人民日报』, 2013年2月1日, 第5版.

温家宝, 2004, 「弘扬伍项原则 促进和平发展」, 中国国际问题研究所编, 『和平共处伍项原则—纪念和共处伍项原则诞生50周年』, 北京: 世界知识出版社.

阎学通, 2005, 『国际政治与中国』, 北京: 北京大学出版社.

阎学通, 阎梁, 2008, 『国际关系分析』, 北京: 北京大学出版社.

杨凡, 2001, 「和平共处五项原则的演变与中国对外政策」, 『江南社会学院学报』, 第3卷, 第2期.

章迪禹, 2011, 「中国'核心利益'之辩」, 『世界知识』, 第19期.

张明菊, 2005, 「'和平共处'外交思想的演变与中国外交」, 『桂海论丛』, 第21卷, 第1期.

张清敏, 李敌窥, 2011, 「中国对外行为的思想根源探析」, 『外交评论』, 第4期.

中华人民共和国国务院新闻办公室, "中国的和平发展道路(白皮书)", http://www.gov.cn/xwfb/2005-12/22/content_133974.htm

＿＿＿, "中国的和平发展(白皮书)", http://www.scio.gov.cn/ztk/dtzt/58/6/Document/999991/999991.htm

"何谓陈水扁的'四不一没有'？" 中国新闻网, 2002年8月5日, http://www.chinanews.com/2002-08-05/26/209063.html

"杨洁篪: 维护本国核心利益和尊严行为并非'强硬'," 中国网, 2010年3月7日, http://www.china.com.cn/news/2010-03/07/content_19547003.htm

"中华人民共和国国家安全法(主席令第二十九号)," 中央政府门户网站, 2015年7月1日, http://www.gov.cn/zhengce/2015-07/01/content_2893902.htm

찾아보기

National Core Interests